SUR LA SIMPLIFICATION
DE
NOTRE ORTHOGRAPHE

MÉMOIRE SUIVI DU RAPPORT
SUR LES TRAVAUX DE LA COMMISSION CHARGÉE DE PRÉPARER
LA SIMPLIFICATION DE L'ORTHOGRAPHE FRANÇAISE

PAR
PAUL MEYER
Membre de l'Institut.

PARIS
LIBRAIRIE CH. DELAGRAVE
15, RUE SOUFFLOT, 15

IMPR. PAUL SCHMIDT, PARIS-MONTROUGE (SEINE).

POUR LA SIMPLIFICATION

DE

NOTRE ORTHOGRAPHE

MÉMOIRE SUIVI DU RAPPORT
SUR LES TRAVAUX DE LA COMMISSION CHARGÉE DE PRÉPARER
LA SIMPLIFICATION DE L'ORTHOGRAPHE FRANÇAISE

PAR

PAUL MEYER
Membre de l'Institut.

PARIS
LIBRAIRIE CH. DELAGRAVE
15, RUE SOUFFLOT, 15

1905

Pour la simplification de notre orthographe.

I

Esquisse de l'histoire de notre orthographe.

On définit ordinairement l'orthographe : « l'art et la manière d'écrire les mots d'une langue correctement, selon l'usage établi ». Mais l'usage s'est établi en des conditions fort diverses selon les temps et les pays, et, pour apprécier la valeur de l'orthographe d'une langue, il importe d'abord de savoir comment l'usage dont elle est la consécration s'est formé. A peu près partout la conception originelle a été que l'orthographe devait refléter le mieux possible la prononciation : la tendance phonétique est prédominante. Mais, là où l'orthographe a été fixée de bonne heure, soit par des académies, soit par l'influence des imprimeurs, elle a cessé graduellement d'avoir le caractère phonétique, parce que la langue changeait peu à peu, dans sa prononciation comme dans son vocabulaire et sa grammaire, et que l'orthographe, une fois fixée, ne tenait pas compte de ces changements. D'autres causes sont entrées en jeu, qui ont contribué à enlever peu à peu à l'orthographe de certaines langues le caractère de représentation graphique des sons qu'elle avait à l'origine. L'une de ces causes, et peut-être la plus puissante, a été le pédantisme qui a introduit dans la graphie de beaucoup de mots des lettres dites étymologiques que l'on ne prononçait pas. Ces tendances contradictoires s'observent ailleurs encore qu'en français. C'est ainsi, pour ne citer qu'un exemple, que l'orthographe anglaise, qui au XVIe siècle était en somme phonétique, est devenue maintenant purement conventionnelle, la prononciation ayant, depuis cette époque, subi des changements considérables dont l'écriture n'a tenu aucun compte.

Voyons comment les choses se sont passées pour le français. Je ne puis ici que donner une vue générale d'un sujet sur lequel on a écrit des volumes.

Lorsque, à une époque plus ou moins ancienne du moyen âge, on a fait aux langues vulgaires d'origine latine l'honneur de les écrire — honneur qui, jusque-là, avait été réservé au latin — on s'est naturellement servi de l'alphabet latin en employant les lettres avec la valeur qu'elles avaient dans la prononciation des écoles. Il n'en pouvait être autrement : ceux qui les premiers appliquèrent l'écriture à la langue vulgaire, au *romans*, comme on disait alors, ne connaissaient pas d'autre alphabet que celui des Romains, et ne connaissaient plus la valeur qu'aux temps anciens on donnait aux lettres de cet alphabet. Par suite — et ici nous allons toucher du doigt certaines imperfections de la notation qui fut adoptée — le *c* et le *g* furent employés en deux significations : le *c* et le *g* eurent la valeur de *k* et de *gu* devant *a*, *o*, *u*, et celle de *ç* et de *j* devant *e*, *i*[1]. De là résultèrent certaines ambiguïtés auxquelles on s'efforça de remédier de façons diverses. Il n'y avait, par exemple, aucune difficulté à noter le son de *mangier* (franç. actuel *manger*), mais comment écrire *mangeons*? Les uns (et c'est le mode que notre orthographe actuelle a conservé) intercalèrent un *e* entre le *g* et l'*o* afin de marquer la prononciation spéciale du *g*, les autres remplacèrent le *g* par un *i*, qui reçut la valeur de notre *j* : *manions*; ce second procédé n'était pas sans inconvénient à une époque où le signe *j*

1. Le latin ancien avait une prononciation unique, *k* et *gu*.

n'existait pas comme lettre distincte de l'*i*. Autre exemple : le latin ne fournissait aucun moyen de figurer convenablement le son mouillé des lettres *l*, *n*. Que faire? On eut recours, sans entente préalable, à des combinaisons diverses : ainsi, pour *l* mouillée : *li*, *lli*, *il*, *ill*, *lg*, *gl*, *lh*. Pour rendre notre mot *bataille*, on écrivit *batalie*, *batallie*, *bataile bataille*, *batalge*, *batagle*, *batalhe*. Pour l'*n* mouillée il n'y eut pas moins de variété, mais la combinaison *gn*, précédée ou non d'un *i* (*compagnon*, *seigneur*) finit par prévaloir.

Le grand obstacle à la création d'une orthographe logique et appropriée à notre langue était l'insuffisance de l'alphabet latin, impuissant à exprimer les sons qui s'étaient produits à l'époque post-latine. Au XVIe siècle on imagina divers expédients pour remédier à cette pauvreté. Vers 1533 l'imprimeur Geoffroy Tory introduisit l'usage de la cédille (déjà connue des Italiens et des Espagnols) pour marquer le son sifflant du *c*, mais on n'eut pas l'idée d'employer un semblable procédé pour distinguer les deux sons du *g*. Geoffroy Tory également employa l'accent aigu, mais sans lui donner exactement l'application que nous lui donnons aujourd'hui : il s'en servit uniquement pour distinguer l'*e* tonique de l'*e* atone (*aimé* et *aime*). L'accent grave, qui distingue l'*e* ouvert de l'*e* fermé, ne vint que beaucoup plus tard. Ramus (1562) réussit à faire passer dans l'usage la distinction de l'*i* et du *j*, de l'*u* et du *v*. Il proposa des signes spéciaux, qui eussent été très utiles, notamment pour *l* et *n* mouillées, mais, comme ces signes eussent exigé une nouvelle fonte de caractères, ils ne furent pas adoptés[1]. D'autres signes plus ou moins compliqués furent proposés par divers grammairiens, notamment par Louis Meigret (1542 et années suivantes), afin de mieux marquer la prononciation, mais avec peu ou point de succès.

Ces tentatives étaient conformes à la tradition, puisque, bien évidemment, la manière d'écrire le français avait eu jusque-là, malgré son manque d'uniformité, une tendance phonétique. Malheureusement, il se produisit au même temps, et même un siècle plus tôt, sous l'influence de l'humanisme, une tendance toute con-

1. Le *v* et le *j* existaient déjà dans les caractères typographiques, mais on n'en faisait pas l'emploi que Ramus réussit à imposer.

traire, consistant à introduire dans la notation des sons certaines lettres que l'on ne devait pas prononcer, mais qui devaient rappeler l'origine de ces mots : on écrivit *aultre*, *advocat*, *doigt*, *droict*, *faict*, *poids*, *sçavoir*, *soubs*, *subject*, etc., afin de rendre sensible aux yeux l'étymologie vraie ou supposée de ces mots. C'était absurde : dans *autre* il n'était pas besoin d'ajouter une *l* pour représenter celle du latin *alter*, puisque celle-ci est déjà représentée par l'*u* (*altre*, *autre*). La langue s'est, dans un grand nombre de cas, mais non dans tous, débarrassée de ces « superfluités », comme disait en 1740 l'abbé d'Olivet, auteur principal de la troisième édition du Dictionnaire de l'Académie.

Par suite de ces tendances contradictoires, dont aucune n'avait été poussée à fond, notre orthographe se trouvait, pour la plus grande gêne des imprimeurs et des lecteurs, dans un état flottant et instable, lorsque, vers 1672, l'Académie française, fondée en 1635, entreprit de l'en faire sortir. Elle n'y réussit pas : ses efforts n'aboutirent qu'à consacrer, en une certaine mesure, l'irrégularité existante. On a publié les cahiers de ses délibérations, où nous voyons que la tendance générale de ses membres était, non pas de ramener à une certaine unité des usages discordants, mais de les conserver avec toutes leurs contradictions. C'est ce qui résulte clairement de cette déclaration de Mézeray, formulée en tête du cahier des remarques sur l'orthographe qu'il soumit en 1673 au jugement de ses collègues de l'Académie :

> La Compagnie déclare qu'elle désire suivre l'ancienne orthographe qui distingue les gens de lettres d'avec les ignorants et les simples femmes, et qu'il faut la maintenir partout, hormis dans les mots où un long et constant usage en aura introduit une contraire [1].

L'« ancienne orthographe » de Mézeray est celle qui commence au XVe siècle et qui écrivait *aultre*, *advocat*, *doigt*, etc. Comme d'autre part Mézeray admet une façon plus simple d'écrire « dans les mots où un long usage l'aura introduite », le résultat est, en somme, la consécration de l'irrégularité.

Les idées de Mézeray, qui consistaient en une réaction mitigée contre les tendances à l'orthographe phonétique, triomphèrent.

---

1. *Cahiers de remarques sur l'orthographe françoise*, publ. par Ch. Marty-Laveaux. Paris, Gay, 1863, p. IX.

Voici ce qu'on lit dans la préface de la première édition du Dictionnaire de l'Académie (1694) :

L'Académie s'est attachée à l'ancienne orthographe receuë parmi les gens de lettres, parce qu'elle ayde a faire connoistre l'origine des mots. C'est pourquoi elle a creu ne devoir pas authoriser le retranchement que des particuliers, et principalement les imprimeurs, ont fait de quelques lettres... parce que ce retranchement oste tous les vestiges de l'analogie et des rapports qui sont entre les mots qui viennent du latin ou de quelque autre langue. Ainsi elle a écrit les mots *corps*, *temps*, avec *p*, et les mots *teste*, *honneste* avec une *s*, pour faire voir qu'ils viennent du latin *tempus*, *corpus*, *testa*, *honestus*.... Il est vray qu'il y a aussi quelques mots dans lesquels elle n'a pas conservé certaines lettres caractéristiques qui en marquent l'origine, comme dans les mots *devoir*, *fevrier*, qu'on écrivait autrefois *debvoir* et *febvrier*, pour marquer le rapport entre le latin *debere* et *februarius*. Mais l'usage l'a décidé au contraire...

Quelle valeur peut-on attribuer à un système orthographique fondé sur des principes aussi flottants? Comme le disait G. Paris : « L'Académie, abusée par l'apparence, crut faire une œuvre de science en adoptant l'orthographe traditionnelle : elle ne fit qu'une œuvre de routine et de confusion [1]. »

L'orthographe de la première édition du dictionnaire est un véritable chaos, qui a persisté jusqu'à la plus récente édition (1878), malgré des rectifications partielles, consistant surtout dans la suppression de certaines lettres non prononcées, et dont les plus importantes furent opérées dans la troisième édition où l'Académie (l'Académie, c'est ici essentiellement l'abbé d'Olivet) modifia l'orthographe d'environ 5000 mots. Les travaux personnels des rédacteurs du Dictionnaire montrent à quels arguments bizarres on avait eu recours pour remettre en vigueur une orthographe qui, dès lors, paraissait surannée. Citons ces paroles indignées de Regnier-Desmarais, secrétaire perpétuel de l'Académie, à propos des mots « Christ, chrétien », que certains écrivaient, selon la tradition du moyen âge, sans *h* :

N'est-ce pas une espèce d'attentat à des particuliers de défigurer ainsi les mots les plus saints et les plus sacrez?... Avec le temps il ne tiendra pas à eux qu'à force d'escrire *cretiens* au lieu de *chrestiens*,

1. *Bulletin du bibliophile*, XXXIV (1868), p. 477.

ils ne donnent lieu de prendre tous les peuples qui font profession du christianisme pour des peuples venus de Crete.
(*Traité de la grammaire françoise*, 1706, p. 92.)

Ne rions pas! Encore à l'heure actuelle, il y a des gens qui, pour faire opposition à nos modestes réformes, usent d'arguments de cette force.

Peu à peu les décisions de l'Académie prirent force de loi. Le même Regnier-Desmarais, continuant la tradition de ses devanciers, s'élève, dans sa Grammaire, contre l'audace des « particuliers, qui, de leur propre autorité », veulent changer l'orthographe, et s'« attribuent une juridiction qui ne leur appartient pas, abusant du principe, sur lequel ils se fondent, que les lettres *étant instituées pour représenter les sons, l'escriture doit se conformer à la prononciation*. Cette règle générale a ses exceptions, comme toutes les autres règles, et vouloir réformer tout ce qui en est excepté, c'est comme si un grammairien, se fondant sur les principes généraux de la grammaire, voulait y réduire toutes les conjugaisons des verbes irréguliers d'une langue et toutes les façons de parler qu'un long et constant usage a délivrées de la servitude de la syntaxe » (pp. 83, 84). Sans rechercher quelles peuvent bien être ces façons de parler « qu'un long et constant usage a délivrées de la servitude de la syntaxe », on se bornera à constater qu'ici l'auteur fait une confusion déplorable entre la réforme de la langue et celle de l'orthographe. Qu'il y ait des verbes irréguliers en français, c'est une imperfection à laquelle nous ne pouvons apporter aucun remède, mais nous sommes assurément maitres de la manière d'écrire une langue à laquelle, d'ailleurs, nous ne voulons ni ne pouvons toucher.

Cependant les « particuliers », dont l'audace indignait Regnier-Desmarais, cessèrent d'user de leur libre arbitre en manière d'orthographe. Les imprimeurs trouvèrent commode de se régler sur la dernière édition du dictionnaire académique dont l'autorité devint prépondérante, et ainsi s'établit graduellement la juridiction de l'Académie sur toutes les questions d'orthographe. Il n'en fut pas de même dans le domaine du lexique. L'autorité de l'Académie n'a jamais empêché la création de mots nouveaux ni l'extension de sens des mots existant. Quelquefois j'ai entendu dire dans ma jeunesse : « Tel mot n'est pas français : il n'est pas dans l'Académie ». On ne le dit plus. C'est qu'en effet il est impossible de supprimer l'initiative des écrivains, tandis que l'orthographe dépend des imprimeurs, sur lesquels ces mêmes écrivains ne pourraient exercer aucune action alors même qu'ils en auraient le désir. L'Académie proteste qu'elle enregistre l'usage, le bon usage, s'entend. Elle a raison en ce qui concerne le lexique, mais, lorsqu'il s'agit d'orthographe, sa protestation est vide de sens, puisque la docilité avec laquelle les imprimeurs se conforment à ses décisions empêche toute innovation en cette matière [1]. C'est d'elle, en réalité, qu'auraient dû venir les réformes qu'a proposées la commission ministérielle chargée de rédiger un projet de simplification de notre orthographe. Mais une telle initiative n'est pas à attendre d'un corps où les personnes compétentes — et j'entends par là les personnes ayant l'expérience de l'enseignement du français ou possédant une bonne connaissance de la philologie française — ont toujours formé une infime minorité. Vainement objecterait-on que l'Académie a admis dans son sein des hommes d'une incontestable compétence : Littré, Gréard, G. Paris. Ces savants n'ont jamais réussi à modifier l'opinion de leurs confrères : l'insuccès des propositions, pourtant bien modérées, de M. Gréard, en 1893, en est la preuve. On ne serait pas mieux venu à invoquer l'exemple de la troisième édition du Dictionnaire qui, incontestablement, apporta de sérieuses améliorations à notre système orthographique. Cette édition, en effet, est l'œuvre d'un homme seul, l'abbé d'Olivet, à qui l'Académie semble avoir donné, comme on dit, carte blanche. Actuellement la révision du Dictionnaire est l'œuvre commune de l'Académie entière.

Ce qu'il y avait à faire, si l'Académie avait compris sa fonction, c'était de persévérer avec plus de méthode dans la voie où les écrivains du moyen âge étaient entrés, pour ainsi dire, d'instinct et sans plan : il fallait modifier graduellement la manière

1. Au XVIIIe siècle il en était autrement : l'usage pouvait introduire des modifications orthographiques, qu'ensuite l'Académie adoptait si elle le jugeait à propos. On lit dans la préface de la troisième édition du Dictionnaire : « La profession que l'Académie a toujours faite de se conformer à l'usage universellement reçû, soit dans la manière d'écrire les mots, soit en les qualifiant, *l'a forcée d'admettre des changemens que le public avoit faits.* »

de figurer les sons, de façon à maintenir le rapport entre la langue parlée et sa représentation par l'écriture. La prononciation se modifie insensiblement, de génération en génération, comme le vocabulaire : il y avait à tenir compte dans l'écriture de chaque changement accompli. En 1740, l'abbé d'Olivet disait avec infiniment de bon sens, dans la troisième édition du Dictionnaire de l'Académie : « L'on ne pourrait apprendre qu'avec peine à lire les livres écrits dans sa langue naturelle, si l'usage ne changeoit pas quelque chose dans l'orthographe des mots dont il a changé la prononciation. » Sage conseil auquel ses successeurs ne se sont pas conformés. Faute d'avoir opéré ces changements en temps utile, des notations qui étaient à l'origine significatives sont devenues purement conventionnelles. Un exemple rendra sensible ma pensée : le groupe *ai* était, à l'origine, un son complexe, un son de diphtongue, qu'il est encore en provençal ; ce son se modifia et aboutit, il y a plusieurs siècles, à *è*. Il eût été à propos, ce changement effectué, de remplacer *ai* par *è* ; le moyen âge en avait donné l'exemple, puisque dans nos anciens écrits, on trouve souvent *fere*, *fet*, *mes*, pour *faire*, *fait*, *mais*. Actuellement *ai* n'a plus qu'une valeur conventionnelle. La commission, dont je défends les conclusions et dont j'explique la méthode, ne propose pourtant pas la substitution d'*è* à *ai*. Il est en effet impossible d'opérer en une fois toute une série de rectifications qui eussent été facilement adoptées si on les avait introduites graduellement, au fur et à mesure des besoins. Elle accepte donc les conventions existantes, en tant qu'elles ne sont pas en contradiction avec d'autres conventions non moins respectables. Elle se défend d'avoir voulu établir l'orthographe sur une base phonétique, se bornant à supprimer les irrégularités les plus choquantes de l'orthographe actuelle.

II

Raisons de simplifier notre orthographe.

Les raisons que l'on peut invoquer en faveur d'une réforme partielle de notre orthographe sont de trois ordres :

1° Raison esthétique. Notre orthographe est irrégulière ; elle donne à la langue l'apparence de l'irrégularité. Elle l'enlaidit.

2° Raison conservatrice. Il importe de maintenir la tradition de notre prononciation sur laquelle réagissent les irrégularités de notre orthographe.

3° Raison pratique. Les mêmes irrégularités rendent l'étude de l'orthographe inutilement compliquée.

Reprenons successivement ces trois ordres d'arguments.

1° Il est désirable de rendre à la langue écrite une régularité que possède en général la langue parlée et qui est troublée par les inconséquences de notre orthographe. On a remarqué bien des fois qu'il était illogique d'écrire *résonner* et *résonance*, *souffler* et *boursoufler*, *siffler* et *persifler*, *grelotter* et *dorloter*, *abattoir*, *abatteur*, et *abatis*, *abatage*, *charrette* et *chariot*, etc.[1]. Il est évident que ces inconséquences sont fortuites, qu'elles n'ont pas été aperçues par les rédacteurs du Dictionnaire académique, qui les auraient fait disparaître si on les leur avait signalées en temps opportun. Néanmoins elles existent, et, comme tout ce qui est illogique, elles sont une tare, une laideur qui choque la vue et le bon sens. Je ne nie pas que dans certains cas, assez rares du reste, ces variantes orthographiques ont eu leur cause et leur justification dans des particularités de la prononciation. Ainsi il paraît bien établi qu'on ne prononçait pas, au XVIe siècle, la première syllabe d'*honneur*, comme la première d'*honorable*[2]? Je fournis bien volontiers cet argument à nos adversaires qui ne l'auraient sans doute pas trouvé tout seuls; mais, enfin, est-il bien utile de tenir compte, en quelques cas particuliers, d'une prononciation maintenant hors d'usage, quand, en des cas infiniment plus nombreux, on ne le fait pas? Il ne s'agit pas en ce moment des difficultés que ces inconséquences introduisent dans l'étude de l'orthographe, ce qui pourtant mérite bien considération : j'insiste seulement sur ce fait que la conséquence dans la manière d'écrire une langue est un des éléments de sa beauté. Cet élément, notre orthographe officielle le sacrifie trop souvent.

2° Tout le monde conviendra, en principe, qu'il y a lieu d'éviter, autant que possible, toute notation amphibologique qui, s'appliquant à des sons différents, a pour résultat d'induire les lecteurs

1. Gréard, *Note présentée à la commission du Dictionnaire de l'Académie française* (1893), p. 25-26.

2. Thurot, *De la prononciation française depuis le XVIe siècle*, II, 517.

en erreur sur la vraie prononciation. Je citerai quelques exemples de ces notations amphibologiques. Nous figurons le son *an* de trois façons différentes : *an*, *en*, *aon*. M. Gréard, après bien d'autres, admettait la réduction de ces trois notations à une seule : *an* [1]; il faisait remarquer que Mme de Sévigné écrivait *pan* et *tan* (paon, taon), que Racine et Voltaire écrivaient *fan* (faon). Ajoutons qu'on écrivait autrefois *flaon* (flan), graphie à laquelle on a renoncé. Sommes-nous des révolutionnaires parce que nous proposons de traiter *faon*, *paon*, *taon* comme on a traité *flaon*? Certaines personnes, trompées par l'orthographe, prononcent *ta-on*, et de même *Cra-on*, *La-on*, *Tha-on* (commune du Calvados).

On a vu plus haut qu'un grave défaut de notre orthographe était de n'avoir pas de signe pour noter *l* mouillée. L'expédient que nous employons est compliqué, puisqu'il n'exige pas moins de trois lettres : *ill* (*conseiller*, *tailler*, *travailler*). Mais, quand la voyelle suivie d'*l* mouillée est un *i*, on se contente de deux *l*, parce qu'il semblerait bizarre de juxtaposer deux *i*. Donc, pour ne pas écrire *fiille*, *quiille*, *vriille*, on écrit *fille*, *quille*, *vrille*, au risque d'une confusion possible avec le son non mouillé que nous trouvons dans *tranquille*, *ville*, etc. La possibilité d'une confusion n'est pas une supposition en l'air : c'est un fait, car on prononçait autrefois *anguille*, *camomille*, sans mouillure [2], et on commence à prononcer avec mouillure *oscille*, *vacille*. Le meilleur moyen d'obvier à ces erreurs serait évidemment de créer, pour *l* mouillée, un signe spécial, qui a déjà été proposé au XVIe siècle par L. Meigret, mais, la commission s'étant interdit toute création de signes nouveaux, il ne reste qu'un procédé à employer : c'est de réserver la double *l* pour les cas de mouillure, et dans les autres cas de réduire *ll* à *l*. On écrira donc *tranquile*, *vile*, comme on écrit *imbécile* (et du même coup on corrigera *imbécillité* en *imbécilité*). A vrai dire ce procédé ne remédie pas entièrement au mal. Comme il n'est pas admis en français qu'un mot se termine par une consonne doublée, on continuera à écrire *cil*, *mil* (graine), *péril*, et déjà il y a beaucoup de personnes qui ne se doutent pas que dans ces mots l'*l* est mouillée.

1. Voir la *Note* précitée, pp. 22, 27.
2. Thurot, ouvr. cité, II, 305.

Dans le cas que nous venons d'examiner, l'ambiguïté résulte de ce qu'il manque un signe à notre alphabet. Dans celui que nous allons considérer l'ambiguïté résulte au contraire de ce que nous avons deux ou même trois signes tous susceptibles d'applications différentes, lorsqu'un seul suffirait. Il s'agit de l'*x* qui, en maint cas, est l'équivalent d'*s* ou *ss* (aussi de *ç*). Nous écrivons *six*, *dix*, *prix*, *soixante*, *Bruxelles*, *Auxerre*, *Auxonne*. Mais, si on excepte *prix*, où la finale ne sonne qu'en liaison, nous prononçons comme s'il y avait *s* forte, ou *ss*. Aux yeux des amateurs d'étymologie, l'*x* de *six* est justifiée par le latin *sex*. Mais dans *dix*, *prix*, (*decem*, *pretium*), quelle justification peut-on invoquer? La vérité, qui est probablement ignorée des amateurs susdits, est que, dans les bas temps, l'*x* avait pris le son d'*s* forte. On écrivait *exemplum*, mais on prononçait *essemplu* (anc. fr. *essemple*). Pour les gens du moyen âge *x* valait *ss*. Or, comme dans les mots de création savante, ou refaits selon des préoccupations savantes, on prononce l'*x* avec le son (*cs*) qu'il avait en ancien latin (*exact*, *exécuter*, *exemple*, *exil*), beaucoup de personnes prononcent à tort *Brucselles*, *Aucserre*, et surtout Saint-Germain l'*Aucserrois*[1]. Dans tous ces cas une modification s'impose. Nous proposons d'écrire *sis*, *dis*, *pris*, *soissante*, etc., sans rien innover, puisque c'est la graphie la plus habituelle au moyen âge.

Mais la confusion ne s'arrête pas là : nous employons encore l'*x* au sens de *z* dans *sixain* (pièce de six vers), que j'ai entendu prononcer *siczin* et *sicssin*, dans *deuxième*, *sixième*, *dixième*. Naturellement nous proposons de remplacer tous ces *x* par *z* (cf. *dizain*, *dizaine*), et, par suite, toute chance de fausse prononciation disparaîtra.

La tradition de la vraie prononciation peut aussi être rompue par ces lettres supposées étymologiques dont notre langue a été infectée au XVIe siècle. On écrit *prompt*, *promptitude*, *dompter* (quoiqu'il n'y ait pas de *p* dans le latin *domitare*), *indomptable*. L'Académie dit en propres termes, aux mots *indomptable* et *prompt*, que le *p* ne se prononce pas. Il n'en est pas moins vrai

1. On prononçait autrefois *Lussembourg* et non *Luxembourg*. L'ancienne graphie *Xaintes*, *Xaintonge* eût sûrement amené une prononciation erronée, si on ne l'avait pas changée.

que nous entendons constamment prononcer *dompter*, *promptitude* parce que les maîtres chargés d'enseigner le français aux enfants, qui n'ont pas toujours sous la main le Dictionnaire de l'Académie, sont naturellement portés à faire prononcer les mots comme on les écrit.

La même cause d'erreur existe en d'autres langues. En anglais on prononce le *g* dans *recognize*, mais autrefois on ne l'écrivait même pas : le *g* est une addition pédante qui a fini par pénétrer dans l'usage parlé ; on écrit et on prononce *fault*, *author* : autrefois on écrivait et on prononçait *faut*, *autor*.

Littré a remarqué que la prononciation était intimement liée à l'orthographe. « Ce sont, dit-il, deux forces qui réagissent continuellement l'une sur l'autre. Quand l'enseignement grammatical est peu étendu et qu'on apprend sa langue beaucoup plus par les oreilles que par les yeux, alors c'est la prononciation qui modifie l'orthographe et la rapproche de soi. Quand, au contraire, les livres ont une grande part dans l'enseignement de la langue maternelle, alors l'orthographe prend empire sur la prononciation : la tendance est de prononcer toutes les lettres qu'on voit écrites, et la tradition succombe en bien des points sous cette influence des yeux. Nous en avons dans le parler d'aujourd'hui de continuels exemples [1]. »

3° Nous arrivons maintenant à l'argument le plus puissant qui puisse être invoqué en faveur de la simplification de notre orthographe. L'irrégularité de celle-ci nécessite une quantité de règles souvent contradictoires dont chacune comporte mainte exception. Comme la plupart de ces règles et de leurs exceptions ont des causes fortuites, il en résulte qu'on doit les apprendre par un effort de mémoire auquel le raisonnement ne peut apporter qu'un bien faible secours. Aussi remarque-t-on que dans l'enseignement primaire.la moitié environ du temps d'étude est consacré à l'orthographe, au détriment des autres matières de l'enseignement. Les maîtres zélés déplorent le temps perdu en des exercices stériles pour la formation de l'esprit, les maîtres paresseux trouvent commode de passer le temps à corriger en classe des dictées où les difficultés ont été accumulées à plaisir,

1. Préface du *Dictionnaire*, p. XLII, col. 2.

et négligent les parties plus essentielles de leurs programmes. Le résultat est d'ailleurs médiocre : même dans l'enseignement secondaire, où les études sont plus approfondies et plus longues, on remarque que beaucoup d'élèves sortent du lycée avec une connaissance imparfaite de l'orthographe. C'est ce qu'attestent tous les professeurs qui ont pris part aux examens universitaires.

S'il est regrettable que des enfants aient besoin d'efforts aussi prolongés pour apprendre à écrire conformément à des règles surannées une langue que d'ailleurs ils parlent souvent fort correctement, le mal cependant ne serait pas sans quelque compensation, si ces efforts contribuaient au développement de leur intelligence; mais il n'en est rien : l'acquisition de l'orthographe est surtout affaire de mémoire, spécialement de mémoire visuelle. Le raisonnement n'y a aucune part, puisqu'il n'y a aucune raison pour qu'*apporter* s'écrive avec deux *p*, tandis que *apercevoir* et *apaiser* s'écrivent avec un seul, pour que le pluriel de *chou* et de six autres mots en *ou* se forme avec *x* tandis que dans tous les autres mots en *ou* il se forme avec *s*, suivant l'usage ordinaire. Au contraire, l'acquisition d'une orthographe conséquente avec elle-même mettrait en jeu, bien plus que la mémoire, la faculté du raisonnement.

Il est inutile d'insister : les bizarreries que j'ai brièvement indiquées sont connues de tous ceux qui ont à enseigner l'orthographe, et dès maintenant on tend avec raison à réduire, dans les examens, l'importance qu'on attachait naguère aux épreuves d'orthographe. Mais cette façon nouvelle de procéder ne va pas sans quelque inconvénient. Certaines fautes sont graves parce qu'elles sont contraires à la tradition et au système général de la notation. D'autres sont vénielles parce qu'elles portent sur des règles artificielles qui ont consacré des caprices orthographiques. Un philologue versé dans l'histoire de la langue ferait aisément le départ des unes et des autres, mais on ne peut attendre de tous les maîtres une science qui, jusqu'à présent, n'est possédée que par le petit nombre. Il en résulte que l'appréciation des épreuves orthographiques risque d'être livrée à l'arbitraire. Il vaudrait mieux assurément avoir une orthographe plus simple et plus logique, et tenir la main à ce qu'elle soit observée rigoureusement.

Je n'insiste pas : toutes les personnes qui ont la pratique de l'école savent que l'enseignement de l'orthographe actuelle est la partie la plus aride et la moins éducative de leur tâche.

III

Réponse aux objections.

Quelles sont donc les objections qui peuvent être élevées contre le projet que nous proposons ? Je laisse de côté les discussions de détail. Il est bien évident que tel nous trouvera trop hardis et tel autre trop timides ; que tout, dans nos réformes, n'est pas d'une logique absolue, en ce sens que certaines de nos propositions en appelleraient d'autres que nous n'avons pas faites. Il ne s'agit donc pas ici de points particuliers sur lesquels des personnes d'accord pour le fond peuvent différer. Je veux examiner les objections d'ordre général qui nous ont déjà été opposées. Elles sont peu nouvelles, et, au cours de cet examen, j'ai remarqué que les mêmes objections ont été soulevées dans tous les pays où on a tenté de systématiser et de simplifier l'orthographe. Ce qui prouve, non pas précisément que les grands esprits se rencontrent, mais que les mêmes préjugés existent partout.

Les objections que toute modification à l'orthographe soulève de la part du grand public peuvent se ramener à quatre :

1° Tout changement apporté à l'orthographe nous affecte péniblement. Nous n'aimons pas qu'on change nos habitudes : des livres imprimés avec une orthographe nouvelle nous inspireraient de la répugnance. D'ailleurs nous avons eu assez de peine à apprendre l'orthographe courante pour qu'on ne nous impose pas l'obligation d'en apprendre une autre.

2° Les mots ont, par leur écriture même, indépendamment du son, une beauté esthétique qui disparaîtra dès que la graphie en aura été modifiée.

3° Les changements proposés ont, en beaucoup de cas, pour résultat de faire disparaître le souvenir de l'étymologie. Nous aimons le *g* de *doigt*, qui nous rappelle le latin *digitus*, le *p* de *temps*, derrière lequel nous apercevons le latin *tempus*, et *phy-*

sique écrit *fisique* nous paraît barbare. De plus ces changements obscurcissent les rapports des mots de même famille (*corps*, *corporation*).

4° Ces mêmes changements amèneront de regrettables confusions. Nous ne distinguerons plus *corps* écrit sans *p*, de *cors* (aux pieds), et nous confondrons le *tan* des tanneurs avec l'insecte diptère *taon*, si on enlève à ce dernier son *o*.

C'est à propos d'arguments de ce genre qu'un grand linguiste anglais, A.-J. Ellis, disait : « Ce sont là de tranchantes assertions, et ceux qui ont donné à ce sujet une sérieuse attention pendant de longues années, s'étonnent que des personnes d'une intelligence ordinaire, et ayant quelques connaissances linguistiques, puissent se compromettre en de pareilles affirmations [1] ».

1° Reprenons l'un après l'autre ces très pauvres arguments. Que toute nouveauté brusquement introduite nous choque, c'est ce qu'on n'entreprendra pas de contester. Lorsque, sous le second empire, s'introduisit la mode des crinolines, elle parut d'abord profondément ridicule. Mais on s'y fit. Et lorsqu'elle disparut, ce ne fut pas qu'on en eût le dégoût : ce fut parce que les grands couturiers avaient à produire de nouveaux modèles. Il en ira semblablement des modifications orthographiques que nous proposons. Assurément le sentiment de répulsion instinctive et irréfléchie qu'elles soulèvent sera plus général qu'il n'eût été il y a cènt ans : c'est que le nombre des personnes qui savent l'orthographe, ou du moins qui l'ont apprise, est infiniment plus considérable que jadis. Les changements introduits par la troisième édition du Dictionnaire académique ne paraissent pas avoir été contestés : ceux que nous proposons aujourd'hui n'auraient guère soulevé d'objections s'ils s'étaient présentés à l'esprit des réviseurs de la sixième édition (1835). Mais, plus on attendra et plus le dommage causé à la langue par la mauvaise orthographe

1. « Whenever any such proposal is made, one stock objection is raised : *Change will ruin the language, deface literature and wipe out all record of etymology*. These are very sweeping assertions, and those who have given serious attention to the subject for many years, feel astonished that any person of ordinary intelligence and linguistic attainments could commit himself to such statements. » (*On orthography in relation to etymology and literature, a lecture delivered before the College of preceptors, 14 november 1877.* — London, C. F. Hodgson and son, 1878, p. 51).

aujourd'hui en vigueur sera difficile à réparer, et plus la répugnance au changement sera difficile à vaincre. Et pourtant il faut bien que la réforme se fasse, avec ou sans l'Académie, car elle est nécessaire. La repousser, sous prétexte d'une gêne qui ne peut être que passagère, ce serait pur égoïsme. Il n'est pas admissible que, par respect pour des opinions qui ne sont que des préjugés, on condamne à perpétuité les enfants et les étrangers à se charger la mémoire de règles compliquées et contradictoires qui ne sont bonnes qu'à pervertir le jugement. La vie est trop courte pour qu'on en gaspille une partie à de pareilles niaiseries.

D'ailleurs, la transition se fera d'une manière très simple et qui ne coûtera rien aux préjugés de la génération actuelle. Je dirais volontiers à ceux que nos propositions effarouchent : « Pourquoi criez-vous avant qu'on vous écorche ? Et qui vous demande de changer vos chères habitudes ? Nous appliquons avec plus ou moins de rigueur, mais toujours instinctivement, les règles que nous avons apprises en notre enfance. Lorsque nous aurons à écrire un livre, un mémoire, une simple lettre, il est bien sûr que nous ne nous arrêterons pas à chaque mot pour vérifier comment il doit être écrit selon l'orthographe nouvelle. En cette matière les changements ne s'imposent pas par loi ou par décret comme les règles de la comptabilité publique. Mais, tandis que les générations parvenues à l'âge d'homme continueront à suivre l'usage avec lequel on les a rendues familières dès l'enfance, les jeunes générations et les étrangers, qui n'ont pas d'habitudes invétérées, apprendront sans fatigue inutile la nouvelle orthographe. Les correcteurs d'imprimerie, aidés par un dictionnaire fait pour eux, s'y conformeront; et nos petits-enfants verront l'Académie elle-même, fidèle à sa règle, qui est d'enregistrer l'usage, l'introduire dans la huitième édition de son dictionnaire. Ainsi le changement s'opérera dans le cours d'une génération, sans blesser les sentiments intimes de personne. »

2° La seconde objection ne nous retiendra pas longtemps. J'en tiens compte parce qu'elle a déjà été formulée et qu'elle le sera de nouveau, mais je ne la saisis pas très bien. Elle consiste à dire que la manière dont les mots sont écrits éveille une idée de beauté que ces mêmes mots perdraient s'ils étaient écrits autrement.

Les personnes qui éprouvent ce sentiment, bien difficile à analyser, sont des stylistes, plus soucieux de la forme que du fond, des mots que des idées, moins encore : de la figure des mots que des mots eux-mêmes. Peut-être ces mêmes personnes se représentent-elles l'orthographe comme immuable par nature et intangible par droit, et ignorent-elles, pour avoir fait un usage habituel d'éditions récentes, que plusieurs de ces mêmes mots, admirables dans leur forme actuelle, ont été écrits autrement par les grands écrivains du XVIe siècle et du XVIIe. Il serait intéressant de savoir s'ils leur paraîtraient aussi beaux ou moins beaux tels qu'ils sont figurés dans les manuscrits de ces écrivains. Mais on m'excusera de ne point m'arrêter à des objections subjectives qui échappent à la discussion. Au fond il n'y a peut-être là qu'une forme particulière de la phobie des nouveautés dont il a été parlé dans le paragraphe précédent.

3° L'objection qui consiste à dire que les réformes proposées font disparaître le souvenir de l'origine des mots n'a pour elle qu'une apparence trompeuse. C'est une opinion de gens du monde, qui veulent faire honneur à leurs études d'antan. Jamais tel argument n'a été ni ne sera invoqué par un linguiste. D'abord, faisons observer, après bien d'autres, que ces souvenirs étymologiques n'intéressent que ceux en petit nombre qui ont fait des études grecques et latines, et qu'il est peu honnête de surcharger l'orthographe de lettres inutiles pour la satisfaction de quelques amateurs d'étymologie. C'était bon autrefois, alors que la minorité seule savait lire et écrire. Mais de nos jours l'orthographe est faite pour tout le monde.

Examinons d'un peu près ces lettres soi-disant étymologiques, ajoutées, on ne saurait trop le répéter, au temps de l'humanisme. Il est assez facile de démontrer que, en des cas nombreux, elles ne peuvent que dérouter le lecteur. Quand, par exemple, on écrit *poids* avec un *d*, qui ne se prononce pas, on donne évidemment l'idée que ce mot vient du latin *pondus*. Or il vient du latin *pensum*. La complication de l'orthographe ne sert donc ici qu'à maintenir une erreur qui n'est même pas traditionnelle puisqu'elle ne date que du XVIe siècle (voir Littré). Le *g* de *doigt* semble du moins justifié par l'étymologie. Mais ce n'est là qu'une apparence : le *g* de *digitus* avait cessé de se prononcer bien avant l'apparition de nos plus anciens textes romans, et le mot tout entier s'était réduit, avant le temps de Charlemagne, à *ditus*. Aussi ne trouve-t-on jamais d'autre forme que *deit*, *doit*, au moyen âge. Le *g*, non prononcé, fut introduit en ce mot vers la fin du xve siècle, au temps où on introduisit un *c*, au moins inutile, dans *faict*, *droict*, *effect*, etc. On a fini par éliminer ce *c* : si on n'en a pas fait autant du *g*, c'est pur oubli. Toutes ces lettres superflues, auxquelles tiennent tant les demi-savants, sont absolument contraires aux principes de la dérivation française.

La question des lettres grecques (*ch*, *ph*, *th*, *y*) est évidemment d'une autre nature. Ici il s'agit de mots créés par les savants à une époque plus ou moins récente et dont le nombre s'accroît chaque jour. La tradition de la langue et les lois de la dérivation ne sont que faiblement intéressées dans le parti à prendre. Si les savants qui créent ces mots, et sont presque les seuls à en user, veulent conserver une graphie compliquée, libre à eux : l'immense majorité de ces termes spéciaux n'a même pas trouvé place dans le Dictionnaire de l'Académie, et fort peu d'entre eux ont été admis dans les dictionnaires les plus récents. Nous ferons observer seulement : 1° qu'il n'y a aucun avantage réel à transcrire les lettres grecques θ, φ, χ, υ par *th*, *ph*, *ch*, *y*, puisqu'en d'autres langues (par exemple en italien et en espagnol) on se sert de notations beaucoup plus simples, en rapport avec les usages généraux de la langue (*t*, *f*, *qu* ou *ch*[1], *i*); 2° que la notation *ch* pour χ cause chez nous une ambiguïté qui a introduit dans la prononciation diverses inconséquences : nous écrivons *archéologue*, *archiépiscopal*, *archidiacre*, *architecte*, mais nous prononçons, d'une part, *arkéologue*, *arkiépiscopal*, d'autre part, *archidiacre*, *architecte*; 3° que pour beaucoup des mots de cette classe, qui sont entrés dans la langue à une époque ancienne, l'assimilation au système général de notre orthographe est déjà faite. On a conservé l'*h* dans *théâtre*, mais on l'a expulsée de *charactère*, *thrésor*, *thrône*; on a substitué l'*f* à *ph* dans *fantaisie*, *fantôme*, *flegme*, etc. L'Académie française a contribué notablement, dans sa dernière édition, à accroître la confusion en croyant opérer une simplification; elle a supprimé, sans esprit de suite, l'*h* dans certains

1. En Italie *ch* est la notation régulière du son *K*.

mots d'origine grecque : « Dans les mots tirés du grec », dit la Préface (p. xi), « elle supprime presque toujours une des lettres « étymologiques quand cette lettre ne se prononce pas ; elle écrit : « *phtisie*, *rythme*, et non *phthisie*, *rhythme* ». Pourquoi « presque toujours » ? Ou cette lettre est utile ou elle ne l'est pas. Et dans *théâtre*, est-ce que l'*h* se prononce ? C'est toujours la même indifférence pour la régularité.

On dit encore qu'en supprimant les lettres dites étymologiques (et qui en général ne le sont pas), on obscurcit la relation d'un mot avec ses dérivés. Et, comme exemple, on a osé dire que *corps* étant simplifié en *cors*, on ne comprendra plus la formation des dérivés *corporel*, *corporation*, *incorporer*. On s'étonnera qu'on ne dise pas *cororel*, *cororation*, etc. — Il serait difficile de donner une preuve plus évidente d'incompétence. Le *p* de *corps*, lettre inutile, a précisément, entre autres inconvénients, celui de laisser croire à une relation entre *corps* et *corporel*, etc., relation qui n'existe pas, *corporel*, *corporation* ayant été créés à une époque relativement récente : ce sont des mots empruntés au latin où la forme latine a été conservée de propos délibéré, tandis que *corps* (qui s'est écrit *cors* jusqu'à la Renaissance) appartient au fonds primitif de la langue. Les vrais dérivés de *corps* sont *corser*, *corsage*, *corset*, et précisément l'élimination du *p* fera ressortir cette dérivation. Il est vraiment pénible d'avoir à expliquer des choses aussi élémentaires. Assurément il serait préférable que la langue fût toute d'une venue, au lieu d'avoir été constituée par des formations successives. Mais qu'y faire ? Nous voulons rectifier l'orthographe, non la langue.

4° L'objection qui consiste à dire que des mots différents écrits de même façon seront pris les uns pour les autres est tellement puérile que j'hésite à lui opposer une réfutation sérieuse. Assurément il se trouvera — et il s'est déjà trouvé — des journalistes à court de copie pour soutenir qu'on ne s'entendra plus si on écrit *poids* (mesure) comme *pois* (légume) ; *taon* (insecte) comme *tan* (écorce de chêne servant aux tanneurs) ; *doigt* comme *doit* (de *devoir*). Il est toujours facile de faire des calembours ; mais les auteurs de ces fariboles, s'ils avaient accordé un instant de réflexion au sujet sur lequel ils donnent si délibérément leur avis, auraient sans doute observé que la langue française, avec son orthographe actuelle, contient un grand nombre de ces mots qu'on appelle homonymes, et qui sont essentiellement différents, bien que semblables dans la prononciation et dans l'écriture. Citons ici quelques lignes extraites d'un écrit très fortement pensé de M. L. Havet :

> Le français abonde en homonymes que l'orthographe ne distingue pas. Nous écrivons la *masse* d'armes comme la *masse* des adhérents, la *manne* (panier), comme la *manne* du ciel, la *grève* des forgerons comme la *grève* sablonneuse, la *casse* (remède) comme la *casse* (brisure), l'*arche* du pont comme l'*arche* de Noé, le *port* d'armes comme le *port* de mer, la *balle* à jouer comme la *balle* du blé, la *meule* de foin comme la *meule* de moulin, la *mine* d'or comme la *mine* fatiguée, la lampe du *mineur*, comme la tutelle du *mineur*...
> (*La simplification de l'orthographe*, Paris, Hachette, 1890, p. 39.)

On n'a jamais considéré ces homonymes comme une cause d'obscurité. Y a-t-il des humains assez dénués de sens pour confondre le *poids* de dix kilogrammes avec les *pois* de senteur ou les petits *pois*, quand au premier on aura enlevé son *d*? Peut-être, mais c'est là une infirmité qui est du domaine de la pathologie mentale.

D'ailleurs, il est un argument auquel on n'a jamais pu rien répondre. Ces homonymes, déjà fréquents dans la langue écrite, le sont bien davantage dans la langue parlée (*faim* et *fin* — *pain* et *pin* — *vain* et *vin*, *vint*, *vingt* — *ver* et *vers*, etc.). Ont-ils jamais nui à la clarté du langage? Et pourquoi veut-on qu'ils lui nuisent dans la langue écrite, où l'on a toujours la ressource de lire une seconde fois la phrase qu'on n'a pas comprise à une première lecture?

Résumons. Il ne saurait être contesté que notre orthographe est un mélange incohérent de notations appartenant à des époques diverses, conçues d'après des systèmes souvent opposés. Est-il possible actuellement de la réformer de façon à la rendre absolument logique? La commission dont j'ai résumé les conclusions dans mon rapport ne le pense pas. Elle croit qu'une réforme aussi étendue exigerait une refonte totale dont le moment n'est pas venu. Mais nous pouvons au moins éliminer de l'orthographe usuelle les anomalies les plus criantes, et, pour tout dire en un mot, la simplifier. Pour y parvenir il suffira, en bien des cas, de reprendre les formes anciennes mal à propos modifiées au temps de la Renaissance, malgré les protestations de beaucoup d'excellents esprits du même temps. En adoptant ce parti, nous ne révolutionnons pas la langue comme on le répète sans raison, faisant la perpétuelle confusion de la langue et de l'orthographe. Nous ne révolutionnons même pas l'orthographe dont nous acceptons toutes les conventions, même défectueuses. Nous reprenons la véritable tradition de notre langue, rompue en maint point par des innovations malencontreuses. Nous faisons œuvre de conservation. J'ai montré que les objections qu'on nous fait sont sans portée aucune. L'obstacle qui nous est opposé n'a qu'un nom : routine. Nous le briserons.

Rapport
sur les travaux de la commission
chargée de préparer
la simplification de l'orthographe française.

Juillet 1904.

Monsieur le Ministre,

Par arrêté en date du 11 février 1903 vous avez constitué une Commission chargée de préparer un projet de simplification de l'orthographe d'usage [1]. Cette Commission, qui s'est réunie pour la première fois le 25 juin 1903, n'a pas tenu moins de vingt séances. Elle a examiné méthodiquement les questions que soulève l'orthographe officielle, dont l'irrégularité et la complication ont suggéré à beaucoup de bons esprits l'idée d'une réforme [2]. Elle a adopté, après de longues discussions, des solutions qu'elle m'a chargé de résumer dans le présent rapport.

Mais, avant d'entrer en matière, il est nécessaire d'indiquer quels sont les principes qui ont guidé la Commission dans l'œuvre que vous lui avez confiée.

1. Cette Commission était composée de MM. Bernès, Clairin, Comte, Croiset, Devinat, Gréard, Meyer, membres du Conseil supérieur de l'Instruction publique, Havet, de l'Institut, Brunot et Thomas, professeurs à l'Université de Paris, Carnaud et Cornet, députés. L'arrêté ministériel qui l'a formée a été pris à la suite d'un vœu déposé par MM. Belot, Bernès, Clairin et Devinat dans la séance tenue par le Conseil supérieur de l'Instruction publique le 5 décembre 1901. Elle a été présidée par M. P. Meyer, M. Clairin remplissant les fonctions de secrétaire.

2. Voir, pour l'histoire des tentatives de réforme orthographique, les *Observations sur l'orthographe ou orto-grafie française, suivies d'une histoire de la réforme orthographique depuis le XVe siècle jusqu'à nos jours*, par Ambroise Firmin Didot, 2e édition, 1868, et les *Remarques sur la réforme de l'orthografie française*, du même, 1872. Pour des propositions plus récentes, voir F. Brunot, dans le t. VIII de l'*Histoire de la langue et de la littérature française* publiée sous la direction de Petit de Julleville (Paris, 1900).

L'orthographe idéale serait celle qui figurerait chaque son par un signe unique, et qui par conséquent disposerait d'un nombre de signes égal au nombre des sons à noter. Cette conception du caractère et de l'objet de l'orthographe n'a évidemment rien de chimérique. Toutefois, appliquée à l'orthographe française, elle ne saurait aboutir à des résultats pratiques qu'à la condition de modifier d'abord en une assez grande mesure notre alphabet.

La Commission n'avait point qualité pour entreprendre ce travail : le but assigné à ses études était plus rapproché et comportait des solutions immédiatement applicables. Elle n'avait pas à réformer notre orthographe en la constituant sur des bases rationnelles. Elle devait simplement travailler à la simplifier, c'est-à-dire, dans les cas où divers modes ont été employés pour la représentation d'un son, choisir le plus simple et le plus clair de ces modes, et en faire l'application la plus générale possible. La Commission n'a même pas cru pouvoir suivre ce système avec une logique rigoureuse. Ainsi, elle a laissé subsister les deux groupes *an* et *en*, bien que, dans la prononciation, le premier ait entièrement absorbé le second. Dans l'avenir on la taxera de timidité plutôt que de témérité, mais elle a pensé qu'il convenait de procéder avec prudence et que toutes les modifications désirables ne devaient pas être introduites à la fois. Elle est persuadée, d'ailleurs, que certaines des solutions qu'elle a adoptées en des cas déterminés pourront être étendues dans l'avenir à des graphies qu'elle n'approuve pas, mais auxquelles, pour le présent, elle n'a pas voulu toucher. Surtout elle s'est soigneusement gardée de proposer des changements qui, dans une réforme plus complète, ne pourraient être maintenus. Elle espère du moins que les nouvelles façons d'écrire qu'elle propose n'appelleront pas de modifications ultérieures et pourront être conservées dans tout système orthographique à venir.

Cette perspective de réformes successives apportées à notre orthographe effraiera peut-être les personnes accoutumées à considérer la manière d'écrire une langue comme soumise à des règles fixes et immuables. Mais, puisqu'on ne peut entraver la marche d'un idiome, puisqu'il est aussi impossible d'en fixer à tout jamais la prononciation que d'en arrêter définitivement le vocabulaire, il faut bien admettre que l'orthographe n'est pas une institution permanente et intangible, qu'elle doit au contraire subir de temps à autre des modifications pour rester en accord avec la prononciation. Du reste, il suffit d'une connaissance même superficielle de l'histoire de notre langue pour se persuader que rien n'a été moins immuable que notre orthographe. Sans remonter aux temps anciens, où l'écriture n'était assujettie à aucune règle fixe, où chacun notait les sons selon sa propre prononciation, d'après des méthodes assez vagues, à ne prendre comme point de départ que la première édition du Dictionnaire de l'Académie française (1694), on remarque que chaque édition nouvelle de ce dictionnaire a changé l'écriture de mots nombreux. La troisième édition (1740), qui a pour principal auteur l'abbé d'Olivet, a modifié l'orthographe d'environ 5 000 mots, sur 18 000 que renferme le dictionnaire[1]. La quatrième (1762), la sixième[2] (1835), la septième (1878) ont continué, dans des limites plus restreintes, il est vrai, à modifier l'orthographe. Seulement, beaucoup des changements ainsi introduits à différentes époques, et dont la plupart méritent d'être approuvés, ont le défaut d'avoir été proposés sans vues d'ensemble et d'après une méthode incertaine. Dans tels mots on a supprimé des lettres qui ne se prononçaient plus (et qui dans plusieurs cas ne s'étaient jamais prononcées), dans tels autres on les a laissé subsister. Parfois même, par un retour en arrière, on a compliqué une orthographe qui avait été simplifiée. La troisième édition du Dictionnaire de l'Académie écrit *dompter*, quand les précédentes écrivaient *domter*. On écrit *charrier, charriage* avec deux *r*, tandis qu'on les écrivait autrefois avec une seule, comme *chariot*. Des irrégularités de ce genre compliquent bien inutilement l'étude de notre langue et risquent, par surcroît, d'en corrompre la prononciation. La Commission s'est efforcée de les supprimer, tout en innovant le moins possible. A vrai dire, elle n'a rien innové du tout. Entre les modifications qu'elle propose, et qui ont toutes pour but de noter plus simplement et plus clairement les sons, il n'en est aucune qui ne soit autorisée par l'analogie ou par l'histoire de la langue. Dans beaucoup de cas elle n'a eu qu'à

1. Didot, *Observations sur l'orthographe française*, 2e édition, p. 12.
2. On sait que la cinquième édition (1798) n'est pas proprement l'œuvre de l'Académie, bien que publiée d'après ses cahiers.

recourir à l'ancien usage pour trouver la forme la meilleure. Au cours de son examen, elle a rencontré beaucoup de lettres, dites étymologiques, qui n'ont aucune valeur phonique ni historique. Elles les a, le plus souvent, supprimées. Les critiques qui lui seront adressées de ce chef ne l'émeuvent guère. Les linguistes, dont c'est le métier de trouver l'origine des mots, ne demandent pas à l'orthographe de les guider dans leurs recherches : ils lui demandent seulement, comme tout le monde, de représenter les sons le mieux possible.

Qu'on ait laissé subsister quelques inconséquences, que la même solution n'ait pas été appliquée constamment à tous les cas semblables, on ne cherchera pas à le contester. Un travail fait en commun par une réunion d'hommes qui ne se placent pas tous exactement au même point de vue, où les solutions sont adoptées à la pluralité des voix, ne peut guère être, en toutes ses parties, d'une logique absolue. Mais, bien souvent, les divergences qui se sont produites dans la Commission se réduisent à une simple question d'opportunité. Telle réforme, justifiée au fond, a pu paraître à certains d'entre nous prématurée. Dans ce cas le rapporteur a eu soin de distinguer les modifications qui peuvent être introduites immédiatement de celles qui pourront être adoptées plus tard, lorsque de saines idées sur ce que doit être une véritable orthographe se seront répandues dans le public.

Signes diacritiques : accents, tréma.

1. **Accents.** — Lorsque l'accent fut introduit pour la première fois dans l'imprimerie, par Geoffroy Tory (1529), sous la forme de l'accent aigu, il était destiné uniquement à distinguer l'*e* tonique de l'*e* atone (*livré* et *livre*). La distinction de l'*e* fermé (*é*) et de l'*e* ouvert (*è*) n'était pas encore marquée. C'est en 1664 que P. Corneille proposa l'accent grave pour désigner le son ouvert de l'*e*. Dans notre usage actuel l'accent aigu continue à marquer uniquement le son fermé de l'*e*, mais l'accent grave a deux emplois : il marque le son ouvert de l'*e*, et de plus prend place sur quelques prépositions ou adverbes : *à*, *là*, *déjà*, *où*. Dans *à*,

là, *où*, il sert à distinguer *à* préposition, d'*a* verbe, *là* adverbe de *la* article féminin, *où* adverbe, d'*ou* conjonction; dans *déjà* on ne voit pas quelle peut être son utilité. La Commission est d'avis qu'il est dans tous ces cas inutile, outre qu'il y a inconvénient à donner deux valeurs à un même signe, et propose de le supprimer [1].

Employés pour marquer le timbre de la voyelle *e*, les accents aigus et graves sont au contraire d'une incontestable utilité, et l'on peut seulement regretter que l'usage n'en ait pas été étendu à certaines voyelles, simples ou composées, où des timbres différents pourraient être avantageusement distingués : *bloc* et *broc*, *œuf* et *œufs*. Faute d'un signe diacritique, la prononciation de certains mots est actuellement en voie de détérioration. Même à s'en tenir à l'emploi actuel de ces deux accents, on observe de singulières inconséquences : *religieux* et *irréligieux*, *avènement* et *événement*, *enivrer* et *énamourer*, *dorénavant*. Pour ce dernier mot le mal est fait, et l'on ne rétablira pas l'ancienne prononciation *d'ore en avant*, mais pour les autres il est temps encore d'empêcher l'introduction intempestive de l'*e* fermé. On propose donc d'écrire *irreligieux*, comme *religieux*, *enamourer*, comme *enivrer*, *évènement* comme *avènement*. A propos d'*évènement*, on fait remarquer que l'*e* a régulièrement la prononciation ouverte lorsque dans la syllabe suivante se trouve un *e* muet. La Commission pense que tous ces *e* ouverts doivent recevoir l'accent grave. On écrira donc *cèderai*, *complèterai*, *règlerai*, au futur des verbes *céder*, *compléter*, *régler* comme on écrit déjà *achèterai*, *cèlerai*, etc. Naturellement cette règle ne saurait s'appliquer aux particules *e*, *de*, en composition, dans les cas où la prononciation fermée de l'*e* est bien établie : *égrener*, *dégrever*.

Pour un autre emploi de l'accent grave, voir plus loin, § 11, *II*.

L'accent circonflexe a été imaginé pour marquer la suppression d'une voyelle (*âge*, *bâiller*, *dû*, *assidûment*, anciennement *aage*, *baailler*, *deü*, *assiduëment*) ou d'une consonne (*arrêt*, *forêt*, *être*, *êtes*, *maître*, anciennement *arrest*, *forest*, *estre*, *estes*, *maistre*) [2], mais, comme la syllabe où cette suppression avait eu lieu conser-

1. C'était du reste l'opinion de M. Gréard, *Note présentée à la Commission du Dictionnaire de l'Académie française*, p. 18.

2. Voir les cahiers de l'Académie (1694) cités par Didot, p. 119.

vait la prononciation longue, on en est arrivé à considérer le circonflexe comme un signe propre à marquer la longueur ou le timbre de la voyelle. Par exemple, il indique le son fermé de l'*a* ou de l'*o* dans *théâtre*, *cône*, *dôme*, où aucune suppression n'a eu lieu. Dans notre orthographe actuelle l'emploi du circonflexe, soit dans sa signification première (suppression d'une lettre), soit comme signe de prononciation, est des plus irréguliers. Depuis la sixième édition du Dictionnaire de l'Académie on écrit, sans accent, *chute*, *joute*, *otage* (autrefois *cheûte*, *jouste*, *ostage*), mais on écrit encore *dû*, *assidûment*, *voûte*, et l'Académie hésite entre *dévoûment* et *dévouement*, *crucifiement* et *crucifîment*, etc. Nous n'hésitons pas à proposer la suppression de ces circonflexes.

Mais d'autres cas sont plus embarrassants : *cône* et *dôme* recevant le circonflexe, qui marque simplement le son fermé de l'*o*, faut-il attribuer le même signe à *zone*, où la prononciation de l'*o* est la même? La Commission l'a pensé, mais elle n'a pris aucune décision pour *aphone*, *téléphone*, dont la prononciation ne semble pas fixée. Prenant en considération les divers cas qui se présentent, elle a décidé de supprimer le circonflexe placé sur les voyelles *i*, *u*, dans lesquelles il ne marque pas une modification sensible de la prononciation, et sur les diphtongues qui sont longues par nature [1]. Ainsi l'on écrira *ile*, *flute* [2], *mourut*, *rendit*, *maitre*, *naitre*, *traitre*, *croute*, *voute*, etc. De même dans la conjugaison de certains verbes, *tinmes*, *tintes*, *vinmes*, *vintes*, qu'il *tint*, qu'il *vint*. Par analogie, mais avec plus de réserve, parce qu'ici la prononciation est hésitante, la Commission propose de supprimer le circonflexe dans les prétérits (*aimames*, *aimates*) et dans les imparfaits du subjonctif (*aimat*) de la première conjugaison, la suppression du même accent pour les autres conjugaisons (*rendit*, *mourut*) résultant de la règle générale proposée plus haut.

2. **Tréma**. — Ce signe a été placé originairement sur les

---

1. D'accord avec M. Gréard, *Note*, p. 18.

2. Sans doute l'*u* de *flute* était long autrefois (Thurot, *De la prononciation française*, II, 590), mais il en était de même des finales en *ure*, correspondant à un ancien *eüre : blessure*, *monture*, etc., qui se distinguaient de *ure*, avec *u* bref, dans *ceinture*, *mesure*. Mais ces différences sont maintenant oblitérées : on n'écrit plus *blessûre*, et il n'y a pas de raison pour écrire *flûte*.

voyelles *e*, *i*, *u*, lorsqu'elles étaient précédées d'une autre voyelle avec laquelle elles ne devaient pas former diphtongue : *Noël*, *haïr*, *Saül*, *aiguë*[1]. La Commission est d'avis de conserver cette notation, sauf pour l'*e* dont le son ouvert est suffisamment marqué par la consonne qui suit (*Noel*). En ce qui concerne l'*i*, elle croit que l'emploi du tréma pourrait être avantageusement étendu à des mots tels que *ébahir*, *trahison*, où l'introduction d'un *h* pour marquer la séparation des deux voyelles semble indiquer une aspiration qui n'existe pas. La graphie *ébaïr*, *traïson*, qui est conforme à l'ancien usage, est une véritable simplification qu'elle n'hésite pas à adopter.

Mais le tréma n'est pas employé seulement pour marquer l'individualité des voyelles *e*, *i*, *u*. Peu à peu on s'est accoutumé à le placer sur l'*i* semi-voyelle, dans *aïeul*, *glaïeul*, *baïonnette*, *païen*. Il semble difficile de modifier sur ce point les habitudes reçues, d'autant plus que l'*y*, jadis assez fréquemment employé dans ce cas, et conservé dans quelques noms communs (*bayadère*, *mayonnaise*) et dans certains noms propres (*Bayard*, *Payen*, etc.), prête à confusion. En effet, dans *abbaye*, *ayons*, *payer*, l'*y* non seulement a la valeur d'un *i* (*i* syllabique dans *abbaye*, et *i* semi-voyelle dans *ayons*, *payer*), mais encore il sert à donner le son *é* (*abbaye*, prononcé *abéïe*) ou *è* (*payer*, prononcé *pèié*) à l'*a* qui précède[2]. La Commission, tout en reconnaissant qu'il y a inconvénient à donner à un même signe deux valeurs différentes, est d'avis de conserver le tréma comme signe de l'*i* semi-voyelle, et propose d'en étendre l'emploi à *bayadère*, *cahier*, *mayonnaise*, qui s'écriraient *baïadère*, *caïer*, *maïonaise*.

---

1. Dans *aiguë*, *ambiguë*, *ciguë*, l'e se prononçait encore au XVIIe siècle. Par le tréma on évitait la confusion avec les finales de *figue*, *intrigue*, etc. Si l'on abolit l'emploi du *g* comme palatale, en le remplaçant par *j*, le *g* ne conservera plus que le son guttural ; on pourra supprimer l'*u* qui maintenant sert à marquer le son guttural du *g* devant *e*, *i*, et écrire *fige*, *intrige*. Dès lors l'*u* reprendra sa valeur propre, et *aigue*, sans tréma, marquera très clairement la prononciation.

2. L'y modifie de même façon la prononciation de l'*o* et de l'*u* dans *royal*, *ennuyer*, *tuyau*. Cf. § 9.

Voyelles simples et composées.

3. **A.** — Le son *a* n'est guère noté d'une façon irrégulière que dans *femme*, qui fut jadis prononcé *fan-me*[1]. Mais cette prononciation, qui n'existe plus aujourd'hui, ne fut jamais générale : *fame* est une graphie fréquente au moyen âge, et c'est celle que nous proposons de reprendre. Elle est d'ailleurs dans un rapport logique avec celle que nous proposerons plus loin (§ 12) pour les adverbes en *-amment*, *-emment*.

4. **An, en.** — Ces deux groupes correspondent étymologiquement, le premier au latin *an*, le second au latin *en*, *in*. Originairement distincts dans la prononciation, ils commencèrent à se confondre, dans la France centrale, vers le XIIe siècle, en un son unique qui est celui d'*an*, tout en restant ordinairement distincts dans la graphie. Cependant la notation *an*, au lieu d'*en*, se rencontre dans quelques mots : *dans* (lat. *de intus*), *sanglier* (lat. *singularis*), *sangle* (lat. *cingulum*, devenu *cingula*). Didot proposait une réforme partielle qui aurait consisté à adopter la finale *-ant* pour les adjectifs et substantifs verbaux, et la finale *-ance* pour les substantifs qui actuellement sont terminés par *ence*[2]. M. Gréard approuvait cette réforme[3] qui aurait divers avantages. Ainsi serait supprimée la distinction, souvent bien subtile, entre les participes présents et les adjectifs verbaux, et en même temps on éviterait la confusion qui existe dans l'écriture entre *couvent*, *expédient*, *affluent*, substantifs, et *couvent*, *expédient*, *affluent*, verbes. Mais il est évident qu'il faudrait aller plus loin et substituer, partout où la prononciation le permet, *an* à *en*. La Commission a reculé devant cette réforme qui, appliquée avec logique, modifierait l'orthographe de plusieurs milliers de mots. Toutefois elle n'a pu se résigner à conserver partout l'usage actuel. On verra, au paragraphe suivant, qu'elle le modifie dans un cas où la graphie *en* est amphibologique, et, au paragraphe 12,

---

1. Thurot, *De la prononciation française*, II, 454-455.
2. *Observations sur l'orthographe française*, 2e éd., p. 67 et suiv. ; cf. le même, *Remarques sur la réforme de l'orthographie française adressées à M. Ed. Raoux*, p. 29.
3. *Note*, p. 27.

qu'elle écarte la graphie *amm*, *emm* dans les adverbes formés par l'addition du suffixe *-ment* aux participes présents ou aux adjectifs en *-ant*, *-ent*.

5. **IEN**. — Actuellement le groupe *ien* représente deux prononciations : l'une dans *bien*, *chien*, *chrétien*, *maintien*, *mien*, *tient*, *vient*, l'autre dans *client*, *inconvénient*, *orient*, *patient*. On propose de remplacer, pour ces derniers mots et autres semblables, *-ient* par *-iant*. Il n'est pas douteux que cette réforme conduira logiquement à remplacer *en* par *an* dans tous les cas où ces deux groupes de lettres représentent le même son.

6. **AON**. — La graphie *faon*, *paon*, *taon*[1] conserve le témoignage d'une prononciation depuis longtemps disparue[2]. On écrivait jadis *flaon*, qui a été ramené, dès le XVIIe siècle, à *flan*. Nous proposons d'écrire de même *fan*, *pan*, *tan*.

7. **EU**. — Le son *eu*, suivi ou non d'*l* mouillée, est noté de façons variées. Nous avons en effet :

eu : *leur*, *peur*, *écureuil*.

œu : *cœur*, *sœur*, *nœud*, *vœu*.

œ : *œil*

ue : *cueillir*, *écueil*, *orgueil*.

La difficulté de s'en tenir à une notation uniforme vient surtout de ce que les consonnes *c* et *g* ayant une prononciation différente selon la voyelle qui les suit, il était impossible d'adopter la notation *eu* pour *cœur*, *cueillir*, *écueil*, *orgueil*. Lorsqu'il sera admis — ce que nous ne nous sommes pas crus autorisés à proposer — que *c*, *g* ont en toute circonstance la prononciation gutturale, il sera loisible d'écrire *ceur*, *ceuillir*, *éceuil*, *orgeuil*. Dans l'état actuel de notre alphabet, il serait peut-être logique d'écrire *cueur*, *cueuillir*, *écueuil*. La Commission, trouvant cette graphie trop compliquée, ne la propose pas. Mais elle croit que, dans les cas où n'intervient pas la difficulté causée par le *c* et le *g*, une simplification est possible. Elle propose donc d'écrire *neu*, *seur*, *veu*, au lieu de *nœud*, *sœur*, *vœu*.

La graphie *eu*, en certains cas, ne signifie rien de plus qu'un simple *u*. C'est qu'elle est restée longtemps en usage comme survivance d'une époque où elle marquait le son des deux

1. On peut ajouter les noms de lieux *Craon*, *Laon*, *Thaon*.
2. Thurot, *De la prononciation française*, II, 540.

voyelles consécutives et distinctes *e-u*. En 1740, la troisième édition du Dictionnaire de l'Académie supprima l'*e*, devenu muet depuis des siècles, dans *deu*, *veu*, participes de *devoir* et *voir* (anciennement *veoir*). Elle négligea de faire cette correction dans *heur*, *bonheur* et *malheur*, qui encore au XVIIe siècle se prononçaient *ur*, *bonur*, *malur*[1] et dont la prononciation a été faussée par la graphie. On n'a pas non plus opéré ce retranchement dans les formes du verbe *avoir* qui s'écrivent par *eu* alors qu'on prononce *u*. Ici du moins l'oubli est réparable. La Commission propose d'écrire *u* (participe), *us* (prétérit), *usse*,(imp. du subj.).

Un autre cas est celui des mots *gageure*, *mangeure*, *vergeure*, où l'*e* n'a même pas la valeur d'un souvenir étymologique, puisqu'il sert uniquement à marquer la qualité palatale du *g*. La Commission, ayant adopté (voir § 14) le *j* au lieu de *g* palatal, est naturellement amenée à proposer la graphie *gajure*, *manjure*, *verjure*.

8. **IN** — Le son *in*, écrit ainsi dans notre orthographe, est encore représenté par les groupes *ain* et *ein*, graphies qui s'expliquent historiquement par une prononciation différente de celle qui prévaut aujourd'hui, et même par *en* (*chrétien*). Il serait assurément désirable de ramener ces variétés à l'unité, mais la Commission a pensé que cette réforme, comme toutes celles qui changeraient la physionomie d'un trop grand nombre de mots, doit être réservée à ceux qui, un jour, possédant des pouvoirs plus étendus que les siens, seront chargés de doter la langue française d'une orthographe établie sur des bases rationnelles.

Présentement, elle se borne à une proposition très modeste, celle de supprimer le second *e* de *dessein*. En effet, *dessein* et *dessin* sont le même mot pris en deux acceptions, et il n'y a aucune raison de leur conserver deux orthographes.

9. **Y**. — L'*y* a, dans notre orthographe, des emplois très différents qui paraissent assez mal réglés. Sans parler des termes empruntés au grec, où elle représente l'upsilon, et dont il sera question plus loin (§ 17), cette lettre avait autrefois le son d'un *i* syllabique dans un grand nombre de mots où elle a été remplacée par *i*. De cette notation il nous est resté *abbaye*, *pays*, *paysan*,

1. Thurot, *De la prononciation française*, II, 515.

qui anciennement étaient prononcés *aba-ie* (et *abe-ie*), *pa-is*, *pa-isan* [1]. Depuis la fin du xvie siècle, la prononciation de ces mots se modifia peu à peu, et l'on en vint à prononcer *abé-ie*, *pè-is*, *pè-isan*, ce qui est l'usage actuel. L'*y* sert donc à double fin : il représente un *i* et de plus influe sur le son de la voyelle *a* qui précède. En d'autres mots il a le caractère d'une semi-voyelle : *yèble*, *yeux*, *yeuse*, *ayant*, *ayez*, *effrayer*, *payer*, *rayon*, *aloyau*, *foyer*, *loyer*, *royal*, *ennuyer*, *tuyau*. On remarquera que, dans ces exemples, l'*y*, lorsqu'il est précédé d'une voyelle, en modifie le son : *è-yant*, *è-yez*, *aloi-yau*, *foi-yer*, *roi-yal*, *tui-yau* [2]. Toutefois, dans *bayadère*, *fayard* [3], *mayonnaise*, cette modification n'a pas lieu [4]. Ce qui ne laisse pas d'augmenter la confusion, c'est qu'en certains cas la prononciation et l'orthographe ne sont pas encore fixées. Ainsi l'Académie admet *paye*, *payent* et *paie*, *paient*; de même *payerai*, *paierai* et *paîrai*. La Commission se borne à signaler ces irrégularités qu'elle n'aurait pu corriger sans introduire des notations nouvelles qui eussent altéré la physionomie d'un grand nombre de mots et n'en eussent pas simplifié l'orthographe. Ici encore la réforme doit être réservée au temps où l'on se décidera à créer une nouvelle orthographe à base phonétique.

Consonnes.

10. **Consonnes parasites.** — Chacun sait que l'orthographe française a été surchargée, principalement au xvie siècle, de consonnes dépourvues de valeur phonique et ayant simplement pour objet de rapprocher les mots français de leurs types étymologiques vrais ou supposés. Au xviiie siècle l'Académie s'attacha, particulièrement dans la troisième édition de son Dictionnaire, à faire disparaître « toutes les superfluités qui pourroient être retranchées sans conséquence » [5], et dont beaucoup, hâtons-nous

1. Thurot, *De la prononciation française*, I, 501.
2. On prononçait autrefois *a-yant*, *a-yez*, etc. Thurot, *De la prononciation française*, I, 299.
3. Hêtre. Ce mot n'est pas dans le Dictionnaire de l'Académie.
4. Cf. plus haut, fin du paragraphe 2.
5. Didot, *Observations*, p. 12.

de le dire, n'avaient pas été admises par la généralité des écrivains. C'est ainsi que, depuis 1740, les graphies *advocat*, *bienfaicteur*, *subject*, et autres du même genre, furent abolies. Mais comme notre orthographe n'a jamais été l'objet d'une révision d'ensemble faite avec méthode, nombre de ces « superfluités » subsistent encore.

Les lettres parasites n'ont pas seulement l'inconvénient de compliquer l'orthographe : elles s'imposent parfois à la prononciation, qu'elles dénaturent. De tout temps il y eut des personnes, et particulièrement des maîtres, ayant pour principe que la prononciation doit se régler sur l'écriture, supposant, bien à tort, hélas! que l'orthographe était avec la langue dans un rapport logique. C'est ainsi qu'on est arrivé à faire entendre le *p* dans *exemption*, *présomption*, *présomptueux*, *promptitude*, *rédempteur*, où autrefois cette consonne n'était rien de plus qu'un ornement d'ordre étymologique [1]. On commence déjà à prononcer *dompter*, *indomptable*, bien que, pour ce dernier mot, le Dictionnaire de l'Académie ait averti que le *p* ne se prononçait pas. Il est même des mots où la lettre superflue a été ajoutée par suite d'une erreur étymologique. C'est ainsi qu'on écrit *poids*, parce qu'on a cru autrefois que ce mot venait de *pondus*.

La Commission est d'avis que toutes ces consonnes parasites, sauf bien entendu dans les cas où elles sont prononcées, doivent disparaître. On écrira donc *cors*, *las*, *ni*, *neu*, *doit*, *pois*, *puis*, *rempar*, *sculter*, *set*, *setième*, *vint*, au lieu de *corps*, *lacs*, *nid*, *nœud*, *doigt*, *poids*, *puits*, *rempart*, *sculpter*, *sept*, *septième*, *vingt*.

Au sujet de *corps* on objectera vainement que le *p* reparaît dans *corporation*, *corporel*. Ces mots n'appartiennent pas à la même période de la langue que *corps* : ce sont des termes savants créés à une époque relativement récente. D'ailleurs la graphie *cors*, qui est la plus ancienne, se relie mieux aux dérivés *corsage*, *corset* [2].

Cette réforme en appelle une autre. Dans des mots tels que *compte*, *compter*, *dompter*, *prompt*, *promptitude*, *temps*, l'*m* n'est évidemment motivée que par le *p* qui suit. Le *p* disparaissant, il

1. Voir Thurot, *De la prononciation française*, II, 363-365.

2. Il est intéressant de remarquer que Descartes préférait l'orthographe *cors*. Voir édition V. Cousin, VII, 404.

devient légitime d'écrire *conte*, *conter*, *donter*, *pront*, *prontitude*, *tens*. C'est du reste l'orthographie ancienne.

La même réforme s'impose pour certains mots où, par souci étymologique, on introduit aux trois premières personnes de l'indicatif présent un *d* qui ne se prononce ni à la première personne ni à la seconde, et qui, à la troisième sonne *t* dans les cas de liaison : *prends*, *rends*, *couds*, *mouds*, — *prend*, *rend*, *coud*, *moud*. Nous n'hésitons pas à proposer d'écrire *prens*, *rens*, *cous*, *mous*, aux deux premières personnes, et *prent*, *rent*, *cout*, *mout*, à la troisième. Ne serait-il pas à propos aussi, à la troisième personne de l'indicatif présent de *vaincre*, d'écrire *vaint*, orthographe ancienne, au lieu de *vainc*? De même *siet*, au lieu de *sied*.

La distinction de *différent*, adjectif, et de *différend*, substantif, ne paraît pas justifier une orthographe spéciale à chacun de ces mots. La Commission est d'avis d'adopter une orthographe unique : *différent*. De même il lui semble que la nuance de sens qui sépare *fond* de *fonds* n'exige nullement une différence orthographique pour ces deux mots qui en réalité n'en forment qu'un. Elle propose d'écrire *fond* sans *s* dans les deux cas [1]. Elle hésite à formuler la même proposition pour *quant* et *quand*, qui autrefois s'écrivaient de même.

La Commission incline à penser qu'il y aurait lieu de revenir à l'ancienne forme *pié* pour *pied*. Une simplification du même genre eut lieu lorsqu'on substitua *clé* à *clef*. Cependant on reconnaît que le *d* se lie (mais avec le son *t*) dans quelques locutions *pied en cap*, *pied à terre*. A tout prendre, *piet* (cf. *piétiner*, *piéton*) vaudrait mieux que *pied*.

La Commission propose de rétablir le *t* dans *appas*. Ce mot n'est autre que le pluriel d'*appat*. On supprimerait ainsi une véritable anomalie.

11. **Consonnes doubles suivies d'e muet.** — Les consonnes sont rarement doublées dans le français du moyen âge. Il n'est guère que l'*s* qui, entre deux voyelles, se double assez régulièrement pour marquer le son fort (sourd) de la sifflante ; dans la même position, l'*s* simple marquait le son faible correspondant

1. C'est du reste ce que proposait Littré à l'article *fonds* de son dictionnaire.

à notre *z*. L'*r* aussi est souvent doublée, mais d'une manière peu constante. On trouve couramment *guerre* et *guere*, *terre* et *tere*. A la Renaissance on prit l'habitude d'employer la consonne double là où elle existait en latin ; puis cet usage fut étendu à d'autres cas ; d'où de nombreuses inconséquences.

Nous examinerons d'abord les consonnes doublées avant un *e* muet ou faiblement prononcé.

LL. — On écrit *belle*, *nouvelle*, selon l'orthographe latine, mais dans *cruelle*, *échelle*, *telle*, *quelle*, *mortelle*, la même raison ne peut être invoquée. D'autre part, l'*l* simple est conservée dans *fidèle*, *clientèle*, etc.

La plupart des verbes en *-eler* doublent leur *l* avant l'*e* muet : *appelle*, *appellerai*, mais en plusieurs ce doublement n'a pas lieu : *cpèle*, *cpèlerai*; *gèle*, *gèlerai*; *harcèle*, *harcèlerai*, etc.

Après *i* le doublement de l'*l* présente ce grave inconvénient qu'il entraîne une confusion entre *l* mouillée et *l* non mouillée. On donne la même finale à *tranquille*, *ville*, et à *bille*, *fille*, *vrille*. D'où les erreurs de prononciation qu'on observe dans *anguille*, *apostille*, *camomille*, où l'étymologie n'autorise pas la prononciation dite mouillée.

Après *o* le doublement est rare : *colle*, *molle*. De même après *u* : *bulle*, *nulle*, *tulle*. Bien plus nombreux sont les cas d'*l* simple.

La Commission propose de réduire *ll* à *l* dans tous les cas, sauf là où *ll* marque la mouillure : *bille*, *fille*. Le son ouvert d'un *e* précédent sera marqué par l'accent grave : *apèle* comme *gèle*.

RR. — La différence de prononciation entre *rr* et *r* est le plus souvent insensible, et en certains cas elle paraît due à la graphie.

Après *a* : *arrhes*, *bécarre*, *simarre*. Mais infiniment plus nombreux sont les mots avec une seule *r* : *are*, *accapare*, *barbare*, *compare*, etc.

Après *e* : *erre*, *ferre* (d'*errer* et de *ferrer*), *guerre*, *tonnerre*, où la double *r* a une cause étymologique, mais on ne voit pas que la prononciation soit autre que dans *colère*, *frère*, *légère*.

Après *i* : *myrrhe*.

Après *o*, *u*, où l'*r* ne se redouble guère que dans *abhorre*, *susurre*, *beurre*.

Après *ou* : *bourre*, *courre*, *fourre*.

La Commission propose pour tous ces cas la réduction à *r* simple.

MM. NN. — Ici le doublement des consonnes se justifie soit par des causes étymologiques dont la Commission est décidée à ne pas tenir compte, soit par une prononciation qui a pu être en vogue autrefois, mais qui est maintenant périmée. Nous savons qu'au XVIe siècle on prononçait *hon-me*, *son-me*, avec *o* fermé (à peu près *ou*) et nasalisé [1]. Cette prononciation n'existant plus, il paraît a propos de simplifier la notation et d'écrire *flame*, *grame*, *home*, *nome*, *some* [2], et de même *cane*, *mane*, *bone*, graphies qui sont du reste les plus fréquentes en ancien français. Lorsque la double *n* est précédée d'un *e* ouvert, cet *e* recevra l'accent grave *ènemi* (comp. *chènevis*). On écrira donc *prène*, *anciène*, *chiène*, *méridiène*, *persiène*, *tiène*, *viène*.

TT. — Même proposition, avec l'emploi de l'accent grave pour marquer le son ouvert de l'*e* précédent. On écrira *nète* comme *discrète*, *jète* comme *achète*, *quite* comme *dite*, *sote* comme *dévote*, *hute* comme *chute*, *goute* comme *toute*.

PP. FF. — Il semble bien que la prononciation actuelle ne tienne plus compte du doublement de ces consonnes [3]. La Commission propose donc l'emploi général de la consonne simple.

12. Consonnes doubles suivies d'une voyelle sonore. — Il semble que la simplification admise pour les consonnes doubles suivies d'un *e* muet ou presque muet devrait s'étendre aux mots où le doublement a lieu avant une voyelle sonore. En fait, les conditions ne sont pas les mêmes dans les deux cas. La prononciation des consonnes doubles avant une voyelle sonore est certainement moins constante qu'avant un *e* muet. Par suite la Commission n'a pas cru devoir imposer un même traitement à toutes les séries de mots qu'elle a examinées. En principe la double consonne se fait sentir, dans les mots de formation savante, que l'on connaît plutôt par la vue que par l'ouïe; mais cette indication générale n'est pas assez sûre pour servir de base à une règle orthographique.

---

1. Thurot, *De la prononciation française*, II, 517, 520, 521.
2. Pour *fame*, voir plus haut, § 3.
3. Déjà au XVIe siècle certains grammairiens prononçaient *ff* et *pp* comme *f* et *p*. (Thurot, *De la prononciation française*, II, 387-8, 390.)

LL. — La double consonne se fait entendre dans un certain nombre de mots composés avec les prépositions *ad*, *cum*, et dans tous ceux qui sont composés avec *in* : *allocation*, *allusion*, *alluvion*, *collaborer*, *illettré*, *illégal*, *illégitime*, *illuminer*, *illusion* ; de même dans quelques autres mots tels que : *belliqueux*, *belligérant*, *belladone*, *colloque*, *constellation*, *ellipse*. Tant que cette prononciation subsistera, la graphie actuelle devra être respectée. Mais en d'autres cas la simplification paraît désirable, et tout d'abord, dans le corps des mots, après *i*, car à cette place une mouillure peut s'introduire indûment. Déjà, trompés par l'écriture, certains prononcent *osciller*, *scintiller*, *vaciller* avec *l* mouillée. On écrira donc *osciler*, *scintiler*, *vaciler*, avec d'autant plus de raison que, d'après la proposition formulée dans le paragraphe précédent, on devra écrire au présent *oscile*, *scintile*, *vacile* [1].

En dehors de ces mots, la Commission propose de réduire *ll* à *l* dans tous les cas où la prononciation le permet, par exemple dans *alaiter*, *alécher*, *aléger*, *alégresse* [2], *alié*, *alouer*, *alumer*, *amolir*, *balade*, *balot*, *balon*, *baloter*, *balet*, *caleux*, *celier*, *célule*, *célulose*, *colection*, *colège*, *colègue*, *coler*, *colier*, *dalage*, *ébulition*, *embélir*, *imbécilité* [3], *pélicule*, *séler*, *soliciter*.

RR. — Les difficultés sont les mêmes pour ce groupe. La prononciation, étant variée, ne permet pas une notation uniforme. L'*r* double a commencé à se simplifier, dans la prononciation, dès la seconde moitié du XVIIe siècle [4]. Actuellement la double *r* n'est guère sensible que dans certains futurs et conditionnels : *courrai*, *acquerrai*, *mourrai* [5], dans les mots de création savante

---

1. Il n'est pas à craindre que la mouillure s'introduise dans les mots commençant par *ill*. Les fausses prononciations s'introduisent par analogie, et ici l'analogie est entièrement en faveur de la prononciation actuelle, puisque aucun mot commençant par *ill* n'a *l* mouillée.

2. La graphie *allégresse* ne date que de la 6e édition (1835) du Dictionnaire de l'Académie.

3. Nous avons proposé *bule*, *bèle* ; et *imbécile* appartient à l'orthographe officielle.

4. Thurot, II, 377.

5. Ce sont les verbes où le type latin présente deux *r* rapprochées par la perte d'une atone intermédiaire : *currere*, *acquirere*, *morire* [*habeo*]. Ce cas ne se présente pas pour * *potere* [*habeo*], aussi prononce-t-on *pourai* et non *pourrai*.

formés avec *in* ou avec *inter*, tels que *irrationnel*, *irréductible*, *irrésolu*, *interrègne*, *interroger*; peut-être aussi dans *erreur*, *horreur*, *terreur*, *torrent*, *torride* et mots apparentés, où toutefois la tradition est assez flottante [1].

Dans tous les autres cas la Commission propose la simplification. Ainsi dans les mots formés avec *cum*, tels que *corélatif*, *corespondre*, *coroborer*, *coroder*, et de même dans *amarer*, *barer*, *bareau*, *barique* [2], *beurer*, *bigarer*, *bourache*, *bourasque*, *boureau*, *bourer*, *bouriche*, *bouru*, *caré*, *carière*, *coridor*, *charète* [3], *charue*, *courier*, *courouccr*, *débarasser*, *entérer*, *équarir*; en somme, partout où la prononciation ne fait pas sentir la double *r*.

MM. — La double *m* ne se prononce guère que dans les mots de création savante tels que *commémorer*, *commotion*, *incommutable* (et cependant on prononce *comutateur* et non *commutateur*), *immanquablement*, *immatriculer*, *immense*, *immerger*, *immeuble*, *immobile*, *immuable*. Dans ces cas, et autres analogues, l'orthographe actuelle doit être conservée. Mais on ne prononce plus les deux *m* dans les mots de formation populaire *emmailloter*, *emmêler*, *emmener*, *emmieller*, *emmitoufler*; la prononciation est uniformément *en-mailloter*, etc. Telle est aussi la graphie que propose la Commission.

Dans tous les autres cas on simplifierait. On écrira *acomoder*, *assomer*, *comander*, *comenter*, *comètre*, *comode*, *comotion*, *comun*, *enflamer*.

La même règle s'appliquerait à des mots où la première *m* donnait autrefois à la voyelle précédente une prononciation nasale : *grammaire* (jadis prononcé *gran-maire*); les adverbes formés de participes ou adjectifs verbaux en *-ant*, *-ent* et du suffixe *-ment* : *indépendamment*, *apparemment*, *ardemment*, *évidemment*, *incidemment*, *prudemment*. La Commission considère comme étant en voie d'extinction la prononciation *indépendan-ment*, *apparen-ment*, *arden-ment*, encore conservée en certaines provinces, et propose d'écrire, conformément à la prononciation

1. Voir les témoignages contradictoires rassemblés par Thurot, II, 380.
2. On écrit déjà, avec une seule *r*, *baril*, qui est de la même famille.
3. De même *charetier*, *charoi*, *charon*; on écrit déjà *chariot*.

la plus usuelle, qui ne date pas d'hier [1], *indépendament*, *apparament*, *ardament*, etc.

NN. — L'*n* double n'est prononcée que dans les mots de formation savante et tardive commençant par *in* : *inné*, *innocent*, *innocuité*, *innombrable*, *innomé*, où cette notation ne peut être modifiée. Dans tous les autres cas la Commission propose la simplification : *abandoner* (et tous les verbes en *-oner*), *anée*, *anuel*, *aniversaire*, *aneau*, *anoncer*, *bonet*, *conaitre*, *conivence*, etc.

CC. — Les composés avec *ad*, tels que *accommoder*, *accorder*, *accroitre*, *accuser*, ont conservé le double *c*, encore bien que depuis longtemps on n'en prononce qu'un [2]. Le groupe *cc* se rencontre encore en un grand nombre de mots qui sont de création savante, ou dont la graphie a été réformée en vue de rappeler l'étymologie : *baccalauréat*, *bacchante*, *ecclésiastique*, *occuper*, *occasion*. La Commission n'hésite pas à proposer la simplification, qui, pour beaucoup de mots, ne sera qu'un retour à la graphie du moyen âge dont on ne s'était écarté que par pur pédantisme [3]. Par suite elle propose *aquérir*, *aquisition*, etc., au lieu d'*acquérir*, etc. Elle ne conserve les deux *c* que dans les cas où la prononciation les fait sentir (*occulte*) et dans ceux où le second *c* a le son sifflant (*occire* [4], *occident*).

GG. — Les deux *g* des types étymologiques des mots formés avec *ad* ont été généralement réduits à un seul : *agréer*, *agréger*. Nous proposons la même simplification pour les mots en petit nombre où le double *g* a été conservé ou rétabli : on écrira donc *aglomérer*, *aglutiner*, *agraver*. Pour les mots où le second *g* a le son palatal, *suggestion*, voir plus loin, § 14.

TT. — Nous faisons la même proposition pour le double *t*, qui ne se prononce pas autrement que *t* simple : *abateur*, *abatoir* (comme *abatis*), *atendre*, *ateindre*, etc.

DD. — Le *d* doublé est rare : on ne le rencontre guère que dans des mots introduits par des lettrés et où actuellement il est

---

1. Cette prononciation est attestée depuis la fin du XVIIe siècle (Thurot, II, 453-454).

2. Thurot, II, 388.

3. Comme dans *bacchante* l'*h* est inutile, et peut entrainer une fausse prononciation, la Commission la supprime.

4. Où du reste le premier *c* admis par la prononciation courante est une addition pédante. On écrivait autrefois, et on prononçait, *ocire*.

ordinairement admis dans la prononciation : *addition*[1], *reddition*, où nous le laissons subsister.

PP. — La plupart des mots composés avec *ad* et un mot commençant par *p* ont actuellement un double *p* : *appétit*, *apporter*, *apprendre*, *appui*. Cependant *apaiser*, *apercevoir*, *aplanir* ont conservé la graphie ancienne qui n'admettait pas le doublement de la consonne[2]. Nous proposons de généraliser cette manière d'écrire. Même pour les mots savants, où originairement le double *p* devait se faire entendre, la simplification était faite dès le commencement du XVIIe siècle. Nous écrirons donc *oportun*, *opression*, *oprobre*. La Commission n'admet le double *p* que pour des mots récents où la prononciation est d'accord avec la graphie : *hippique*, *hippopotame*[3], *hippophagie*, etc.

BB. — Mêmes conclusions pour le double *b*, qui du reste est rare et ne paraît pas avoir jamais eu une prononciation différente de celle du *b* simple : *abaye*, *abesse*.

FF. — La prononciation ne tenant plus compte des deux *f*, nous proposons d'écrire, avec une seule, *afaire*, *afamer*, *afaiblir*, *afection*, *afirmer*, etc.

Consonnes simples.

13. **H**. — Nos grammairiens distinguent deux sortes d'*h* initiale : l'*h* dite aspirée, qui est le plus souvent d'origine germanique, et l'*h* muette qui se rencontre dans des mots d'origine latine et aussi dans des mots savants tirés du grec où elle représente l'esprit rude. De ces deux *h*, la première est seule utile. A vrai dire, elle ne marque plus une aspiration, mais toutefois elle garde encore un reste de sa valeur de consonne, puisqu'elle empêche les liaisons, comme aussi l'élision de l'*e* final atone. Quant à l'*h* muette, elle est certainement superflue. La Commission pense unanimement qu'un jour viendra où cette superfluité devra être supprimée. Mais elle n'a pas été d'accord pour proposer dès maintenant cette suppression. La majorité a cru qu'il

1. Cette prononciation est évidemment déterminée par l'écriture, car autrefois on disait *adition* (Thurot, II, 389).
2. Thurot, II, 388.
3. Encore est-il que beaucoup de personnes prononcent *hipique*, *hipopotame*.

serait imprudent de recommander un trop grand nombre de réformes à la fois. La suppression de l'*h* initiale muette devant modifier la physionomie (et l'ordre de classement alphabétique) d'un grand nombre de mots, il lui a paru inopportun de la proposer dès aujourd'hui.

14. G. — Le *g* marquait en latin le son de la gutturale sonore ou faible devant toute voyelle. Peu à peu il s'altéra devant *e*, *i*, et arriva graduellement au son palatal que nous figurons par *j*. Il eût été naturel de le remplacer par cette lettre, et on le fit en certains cas, mais le plus souvent la graphie resta fidèle au *g*; seulement, il fut convenu que, devant *e*, *i*, le *g* aurait le son du *j* : *geindre* (de *gemere*), *gent* (de *gentem*[1]). Par contre, pour rendre au *g* suivi d'*e*, *i*, sa valeur ancienne, il fallut lui adjoindre un *u*. De sorte que nous avons pour le son guttural et pour le son palatal les graphies suivantes :

Son guttural :	*ga*	*gue*	*gui*	*go*	*gu*.
Son palatal :	*gea*	*ge*	*gi*	*geo*	*geu*.
	ja	*je*	*ji*	*jo*	*ju*.

Cette façon d'écrire présente un double inconvénient : il est assurément incommode et illogique de donner au même signe *g* deux valeurs, selon la voyelle qui suit; et il est superflu d'avoir deux manières (*ge* et *j*) de rendre un même son. Il est évidemment incohérent d'écrire *donjon* et *mangeons*, *goujat* et *orgeat*. De plus, en certains cas, la graphie par *ge* prête à confusion. Ainsi, dans les mots *gageure*, *vergeure*, beaucoup de personnes, ne sachant pas que l'*e* n'a été introduit que pour donner le son palatal au *g*, prononcent, non pas *gajure*, *verjure*, mais *gageure*, *vergeure*, avec le son qu'a le groupe *eu* dans *heure*, *leur*. C'est l'erreur qui nous a valu la prononciation actuelle d'*heur*, *bonheur*, *malheur*, autrefois prononcés *ur*, *bonur*, *malur*.

1. Ce qui a contribué à maintenir le *g* dans une fonction qui ne lui convenait plus, c'est qu'on n'avait pas, anciennement, le moyen d'exprimer clairement le son *j*. C'est seulement au XVIIe siècle que fut introduit dans l'écriture le *j* avec la valeur où nous l'employons actuellement. Jusque-là l'*i* voyelle et l'*i* consonne (qui est notre *j*) étaient figurés par le même signe, *i*. C'est Meigret (1550) qui, le premier, proposa d'affecter l'*i* ordinaire à la voyelle et l'*i* allongé à la consonne. Ramus (1562) et quelques autres le suivirent, mais l'innovation proposée ne fut généralement adoptée que bien plus tard, à une époque où l'emploi de *g* devant *e*, *i*, avec le son de *j*, était consacré par l'usage.

Il n'y a que deux moyens de supprimer cette cause de confusion. Le premier consiste à munir le *g* palatal d'un signe diacritique comme on l'a fait pour le *c* (*ç*), l'autre à substituer le *j* au *g* palatal. Le premier moyen est inapplicable : le *g* a une forme trop allongée pour qu'il soit possible de le munir d'une cédille, et l'emploi d'un point supérieur, qui a été proposé [1], est contraire à nos habitudes typographiques. D'ailleurs, la Commission, dès sa première séance, s'est interdit toute modification à notre alphabet. Le seul parti à prendre est donc de substituer partout *j* à *g* palatal. On écrira *manjer*, *manjons*, *manjant*, *oblijer*, *oblijant*, etc.

A cette réforme, qui supprimera une des pires irrégularités de notre orthographe, on ne peut même pas opposer le pitoyable argument de l'étymologie, car c'est l'orthographe officielle qui nous oblige à écrire *genièvre* avec un *g*, contrairement à l'étymologie (*juniperus*). Et ne faudrait-il pas, pour être conséquent, écrire *geambe* au lieu de *jambe*, puisque le type étymologique est le latin populaire *gamba*? En quoi d'ailleurs le second *g* de *gage* représente-t-il mieux qu'un *j* le groupe *di* du bas latin *vadium?*

La réforme que nous proposons consiste donc à abolir le signe *g* dans la valeur palatale. *G* ne subsisterait plus que comme gutturale. Cela étant, l'*u* qu'on lui adjoint devant *e*, *i*, devient superflu. On pourra écrire *gé*, *gêpe*, *gérir* (pour *gué*, etc.) sans qu'il en résulte aucun doute sur la prononciation. Nous ne le proposons pas. Nous laissons à nos successeurs le soin de faire cette réforme qui ne pourra être utilement introduite que le jour où le son guttural étant maintenu à *c* devant *e*, *i*, on écrira *aceuil*, *éceuil*, *ceur*, au lieu d'*acueil*, *écueil*, *cœur*, ce qui sera une grande simplification.

15. S. — Cette lettre, quand elle se prononce [2], a deux valeurs : elle exprime le son de l'*s* forte (sourde) et celui de l'*s* faible (sonore), et malheureusement elle n'est pas seule en possession d'exprimer ces deux sons, ce qui introduit dans notre orthographe une inextricable confusion. Le son fort est représenté par

1. Didot, *Observations sur l'orthographe*, p. 88.
2. Elle ne se prononce plus à la fin des mots, hors les cas de liaison.

s simple au commencement des mots et dans une partie des mots composés où le second terme commence par *s* : *présupposer*, *monosyllabe*. Au commencement des mots, le même son est encore figuré par *c* : *ce*, *céder*, *cire*, et même par *sc* : *scélérat*, *sceller*, *scinder*. Dans une partie des mots composés, on le note par *ss* : à côté de *présupposer* nous avons *pressentir* ; à côté de *monosyllabe* nos dictionnaires enregistrent *dissyllabe*. D'une manière générale c'est l'*s* double qui, entre deux voyelles, est la représentation normale du son fort, mais on le marque aussi par *ç* ou *ce* : *façon*, *douceâtre* (qui serait mieux écrit *douçâtre*) ; par *t* avant un *i* en hiatus avec une voyelle : *patient*, *nation* ; par *x* : *soixante* ; par *sc* : *descendre*[1]. C'est dans les mots en *-ie* que l'anarchie est le plus visible. Là nous employons *ss*, *sc*, *c*, *t* : *grossie*, *scie*, *pharmacie*, *superficie*, *aristocratie*, *inertie*[2].

Ces incohérences, dira-t-on, s'expliquent par l'histoire de la langue ou, si l'on veut, par l'étymologie. — Sans doute, du moins en principe. On ne voit cependant pas qu'il y ait une raison suffisante pour écrire *précieux* avec *c* et *ambitieux* avec *t*, sinon que *précieux* appartient à une phase ancienne de la langue où l'on n'employait guère le *t* suivi d'*i* pour figurer le son de la sifflante forte. C'est contrairement à l'étymologie que *sangle* s'est substitué à la forme ancienne *cengle*.

Pour la sifflante faible, ordinairement rendue par *s* (*ose*, *rose*), la complication n'est guère moindre, deux lettres servent de succédanés à l'*s* : le *z* (*dizaine*, *gaze*, *gazon*, *luzerne*) et l'*x* (*deuxième*, *sixième*). Remarquons qu'ici l'emploi de l'*x* est peu judicieux, cette lettre ayant encore à marquer le son qui lui est propre (*exemption*) et le son de l'*s* forte (*Auxerre*, *Auxonne*, *Bruxelles*, *soixante*).

La sifflante en fin de mot ne se prononce guère que dans les cas de liaison, et alors elle a le son faible. On l'exprime le plus souvent par *s* (ainsi dans la plupart des pluriels), mais il est des cas où on lui substitue, sans aucune raison phonique ni autre, *z*,

1. L'*s* qui précède le *c* se prononce encore dans les mots de récente formation : *irascible*, *pisciculture*, *viscère*.

2. Dans ces deux derniers mots, la prononciation a été corrompue par l'anologie des mots en *-cie*. On devrait prononcer *-tie* et non *-ssie* pour maintenir le rapport avec *aristocrate* et *inerte*.

x : *chez*, *nez*, *riz*, *six*, *dix*, *courroux*, *doux*, *roux*, *croix*, *noix*, *poix*, les pluriels des mots en *-al*, *-eau*, *-eu*, les sept pluriels en *-oux* : *bijoux*, *cailloux*, *choux*, *genoux*, *hiboux*, *joujoux*, *poux*.

L'inconséquence ne saurait être poussée plus loin. Il semble qu'on ait pris à tâche de conserver dans notre orthographe des échantillons de toutes les graphies qui ont été usitées aux diverses époques de la langue.

La Commission n'a pas prétendu remédier du premier coup à ce désordre. Il faudra évidemmeut s'y reprendre à plusieurs fois. Présentement elle s'estimera heureuse si elle réussit à écarter les plus choquantes anomalies. Elle propose l'élimination du *t* dans tous les cas où il représente la sifflante forte. On écrira donc *aristocracie*, *démocracie*, *inercie*, comme *pharmacie*, *superficie*; de même *parcial*, *terciaire*, *confidenciel*, *ambicieus*, *faccieus*, *inicier*, *pacient*[1], *saciété*, *nocion*[2], *nacion*, *accion*, *faccion*[3].

La graphie *ci* fait, à la vérité, double emploi avec *ssi* : *mission*, *passion*. Mais nous n'avons pas voulu supprimer tous les doubles emplois ; nous nous sommes résignés à conserver ceux qui ne risquent pas de troubler la prononciation.

Nous proposons encore d'abolir l'*x* tant pour la sifflante forte que pour la faible. Dans le premier cas nous lui substituons *ss* : *soissante*. C'est la graphie ancienne. Pour la sifflante faible, voir plus loin.

Dans les composés où le deuxième terme composant commence par *s*, la Commission pense qu'il est logique de rétablir l'*s* simple : *asembler*, *désaisir*, *présentir*, *resentir*, *resouvenir*, *disyllabe*, comme *présuposer*, *monosyllabe*. Dans les cas où la voyelle qui précède est *e*, on marquera cet *e* d'un accent si la prononciation l'exige : *désaisir*, *présentir*.

Pour la sifflante faible, la Commission propose la substitution générale de *z* à *s*[4]. On écrira donc *caze*, *extaze*, *phraze*[5], *braize*,

---

1. La graphie par *t* prête à confusion : ex. *bénitier*, *détient*.
2. Ainsi le substantif pluriel *notions* cessera de se confondre dans l'écriture avec l'imparfait *notions*.
3. Le double *c* n'a rien de plus choquant ici que dans *accident*.
4. On a déjà, dans l'orthographe actuelle, *gaze*, *topaze*, *colza*, *benzine*, *dizaine*, *gazon*, *luzerne*, *alèze*, *trapèze*, et les noms de nombre *onze*, *douze*, etc.
5. Ou plutôt *fraze* ; cf. § 17.

chaize, niaize, plaize, diocèze, pèze, tranziger, cloze, roze, pauze, blouze, épouze, jalouze, buze, confuze, ruze, etc. Elle propose la même substitution pour l'*x* : *deuzième, dizième.*

Pour la sifflante finale la Commission croit devoir respecter les finales en *-ez* des secondes personnes du pluriel, *chantez, chantiez*, et des mots *assez, chez, nez*, etc., encore bien que la graphie ancienne ait très généralement, du XIIIe siècle au XVe, remplacé, dans ces mots, *z* par *s*; mais elle propose la substitution d'*s* à *x* dans *six, dix, prix, courroux, croix*, etc., et dans les pluriels des mots en *-al, -ail, -au, eau-, el-, eu-, -ou* : *bestiaus, chevaus, égaus, émaus, beaus, deus, ambicieus, bijous, chous*, etc. [1].

16. **N** mouillée. — Le son de l'*n* mouillée est normalement rendu en français par *gn*; mais autrefois on plaçait fréquemment au devant de ce groupe un *i* (d'autres fois une *n*) qui se reliait, non à la voyelle précédente, mais au *gn* suivant : *gaaigner, montaigne, oignon, roignon*. En général l'orthographe actuelle a supprimé cet *i* : *gagner, montagne, rognon*; mais, en quelques cas, l'*i* est resté et est devenu une cause de trouble pour la prononciation : on prend l'habitude de le rattacher à la voyelle précédente, d'où la prononciation erronée *éloi-gner, moi-gnon, oi-gnon, poi-gne, poi-gnard*. Il est trop tard pour revenir sur la prononciation *éloi-gner*, maintenant générale, mais il est temps encore d'arrêter la tendance à prononcer *moi-gnon*, etc. La Commission propose donc la suppression de l'*i* : *mognon, ognon, pogne, pognard.*

Mots scientifiques venus du grec.

17. — Les termes scientifiques empruntés au grec, ou créés par la juxtaposition d'éléments grecs, forment dans la langue une catégorie à part. Le nombre s'en accroît chaque jour ; beaucoup ne sont pas admis (et ne le seront peut-être jamais) dans les dictionnaires usuels. Soit qu'ils aient été tirés directement du grec, ce qui est le cas le plus fréquent, soit qu'ils aient passé

1. Cette réforme avait déjà été demandée par M. Gréard, *Note*, p. 27.

par l'intermédiaire du latin, on a suivi dans leur orthographe le système adopté anciennement par les Latins : les lettres grecques υ,θ,ρ,φ,χ sont transcrites par *y*, *th*, *rh*, *ph*, *ch*. Seuls quelques mots, entrés dans la langue au XVIe siècle ou plus tôt, ont été ramenés à une orthographe plus conforme aux habitudes françaises. On écrit présentement *chimie*, *anévrisme*, *cristal*, qui autrefois s'écrivaient avec *y*. De même encore *trésor*, *trône*, *caractère*, et non plus *thrésor*, *thrône*, *charactère*. L'*f* a été substituée au *ph* dans *fantaisie*, *fantôme*, *flegme*, *frénésie*, qui sont des mots anciens. L'*h* initiale, représentant l'esprit rude du grec, a disparu dans *erpétologie*; *olographe*, qui sont modernes.

La Commission s'est demandé s'il ne conviendrait pas d'appliquer aux mots de cette classe une réforme très radicale — et qui ne saurait être logique qu'à condition d'être radicale — consistant à supprimer l'*h* initiale, qui représente, assez inutilement, l'esprit rude; à remplacer *ch* par *c* (ou *k* avant *e*, *i*), *ph* par *f*, *rh* par *r*, *th* par *t*. L'Académie, en sa dernière édition, a déjà commencé cette œuvre de simplification en décidant que dans les mots où se trouveraient deux des groupes *ch*, *ph*, *rh*, *th*, l'*h* ne serait écrite qu'une fois, tantôt la première fois, tantôt la seconde : *diphtongue*, *phtisie*, *rythme*. Cette réforme a certainement été dictée par des considérations où l'esthétique a eu plus de part que la logique [1].

La Commission, ayant reculé devant la suppression de l'*h* muette initiale [2], ne pouvait proposer cette suppression pour les mots où la même lettre n'a pas d'autre fonction que de rappeler l'esprit rude. Mais elle a pensé que sur d'autres points, elle pouvait se montrer plus hardie. Elle propose donc d'écrire *i*, *t*, *f*, *r* au lieu d'*y*, *th*, *ph*, *rh* [3]. Pour *ch* suivie d'*e*, *i*, elle propose l'emploi du *k*. On écrirait *arkéologue*, *arkiépiscopal*, comme on écrit déjà *kilogramme*.

Si cette réforme était admise, l'orthographe française arriverait, pour tous ces mots, à un degré de simplicité que l'italien et l'espagnol ont atteint depuis des siècles, sans que la clarté ait eu à en souffrir.

---

1. Voir à ce propos les remarques de M. Gréard, *Note*, p. 23-25.
2. Voir § 13.
3. Cette réforme a été maintes fois proposée. M. Gréard l'acceptait, *Note*, p. 25.

Conclusion.

Telles sont les modifications que nous proposons et qui, nous l'espérons, ne seront pas jugées excessives. La Commission n'ignore point les objections qui peuvent être adressées à son travail. La principale est que les changements proposés ne sont pas la conséquence d'un système orthographique logiquement conçu et dont toutes les parties seraient rigoureusement coordonnées. Mais la Commission n'avait pas à créer un nouveau système orthographique : elle était simplement chargée de faire disparaître, dans la mesure du possible, les anomalies qui compliquent notre orthographe et en rendent l'étude si difficile pour les enfants et pour les étrangers. Il lui a donc fallu accepter comme base le système orthographique actuel, qui correspond à un état déjà ancien de la langue, et se borner à le régulariser. Elle convient même qu'elle n'a pas poussé jusqu'au bout l'accomplissement de cette tâche limitée. Dans les cas où une notation rationnelle et uniforme n'aurait pu être obtenue que par la création de conventions orthographiques nouvelles ou qu'au prix de changements trop nombreux, elle s'est abstenue, laissant intacte l'orthographe actuelle avec tous ses défauts. Mais la réserve qu'elle s'est imposée ne doit pas faire obstacle à de nouvelles tentatives. Elle entrevoit, dans l'avenir, des réformes plus générales qu'elle s'est efforcée de préparer par des réformes partielles. Plusieurs de ses membres ont même exprimé le vœu, qui doit être consigné ici, qu'un jour une commission nouvelle, dont feraient partie non seulement des grammairiens, mais aussi des phonéticiens, soit chargée d'élaborer un système orthographique mieux adapté que le nôtre à l'état présent de la langue, et assez élastique pour la suivre en ses inévitables changements [1].

---

1. On ne veut pas dire que ce nouveau système, qui serait fort différent du système actuel, et même de celui que nous proposons aujourd'hui, devrait entrer en vigueur aussitôt qu'il aurait été constitué et approuvé; mais on pourrait l'enseigner dans les écoles, comme le système métrique est enseigné en des pays qui ne l'ont pas encore admis. La nouvelle orthographe resterait facultative jusqu'au moment où elle serait assez généralement connue et approuvée pour pouvoir être imposée. (Proposition de M. Brunot.)

Mais, dès maintenant, des avantages considérables seront obtenus si les modestes propositions de la Commission sont admises. Et d'abord l'enseignement de la langue sera grandement facilité : le nombre des exceptions que les élèves ont à apprendre sera notablement diminué. Notre langue sera plus facilement accessible aux étrangers. Enfin, par la suppression de graphies incohérentes et obscures qui laissent des doutes sur la vraie prononciation, on rendra possible l'enseignement d'une discipline trop négligée dans nos écoles, l'orthoépie. Seul cet enseignement peut prévenir des erreurs de prononciation qui, d'abord individuelles, finissent par devenir générales.

Dans ce rapport on s'est borné, pour chaque cas, à citer quelques exemples. Il était évidemment impossible de donner les séries complètes des mots dont l'orthographe devrait être réformée. Il semble donc que le seul moyen de faire pénétrer dans l'enseignement l'usage de la nouvelle orthographe serait d'imprimer un dictionnaire contenant les mots de la langue usuelle, pour lequel on pourrait prendre comme base la nomenclature du Dictionnaire de l'Académie. Ce dictionnaire serait purement orthographique. Les mots dont l'orthographe aurait été modifiée seraient imprimés en italique. La forme acceptée jusqu'à présent et la forme nouvelle seraient placées chacune à son rang alphabétique avec renvoi de l'une à l'autre. Pour faciliter la transition on admettrait, dans les examens, pendant un temps à déterminer, les deux orthographes, à condition de ne pas les mêler, mais les maîtres seraient tenus d'enseigner la nouvelle. On peut espérer qu'ainsi l'orthographe réformée entrerait graduellement dans l'usage, et l'on ne niera pas qu'il en résulterait pour l'étude de notre langue une notable économie de temps et d'efforts, et pour la langue elle-même un aspect plus régulier et plus homogène.

Veuillez agréer, Monsieur le Ministre, l'assurance de mon profond respect.

Le Président de la Commission.

PAUL MEYER,

membre de l'Institut.

TABLE

—

249-05. — Coulommiers. Imp. PAUL BRODARD. — 3-05.

www.ingramcontent.com/pod-product-compliance
Ingram Content Group UK Ltd.
Pitfield, Milton Keynes, MK11 3LW, UK
UKHW021516260726
13993UKWH00004B/1694